인생의 사계절에 동행하는 심리학

# 힘들고 지친 삶에 글자가 주는 위로

# 힘들고 지친 삶에 글자가 주는 위로
인생의 사계절에 동행하는 심리학

**초판 1쇄 발행** 2024년 6월 19일

**지은이** 이재연, 손소영
**펴낸이** 장길수
**펴낸곳** 지식과감성#
**출판등록** 제2012-000081호

**교정** 김지원
**디자인** 강샛별
**편집** 강샛별
**검수** 김나현, 정윤솔
**마케팅** 김윤길, 정은혜

**주소** 서울시 금천구 벚꽃로298 대륭포스트타워6차 1212호
**전화** 070-4651-3730~4
**팩스** 070-4325-7006
**이메일** ksbookup@naver.com
**홈페이지** www.knsbookup.com

ISBN 979-11-392-1921-0(03180)
값 16,700원

• 이 책의 판권은 지은이에게 있습니다.
• 이 책 내용의 전부 또는 일부를 재사용하려면 반드시 지은이의 서면 동의를 받아야 합니다.
• 잘못된 책은 구입하신 곳에서 바꾸어 드립니다.

지식과감성#
홈페이지 바로가기

인생의 사계절에 동행하는 심리학

# 힘들고 지친 삶에 글자가 주는 위로

이재연 · 손소영 지음

## 달리기 전에 운동화 끈 질끈 매듯이
## 마음의 끈도 질끈 매야 합니다.

"내가 나다움으로 살아갈 수 있도록 도와주는 언어로 가득한 책 속에서 뼛속 깊이 박혀 있던 의지와 성장을 발견하고, 생각 안에 있는 어둠을 밀어 내서 따뜻한 봄을 맞이하길 바랍니다."

지식과감정

흔히 삶을 사계절에 비유하기도 합니다.

수십 번의 사계절을 지나며

혹시 나를 잃어버리지는 않았는지

잠시 멈춰 서서 나를 돌아보고

또 한 번의 계절을 맞이했으면 좋겠습니다.

**목차**

프롤로그     10

## 1장 ● 봄,
달리기 전에 운동화 끈 질끈 매듯이
마음의 끈도 질끈 매야 합니다.

01 삶이 무료하다면     14
02 마음의 변화     18
03 행복하기로 마음먹은 만큼     22
04 채워지지 않는 인정욕구     27
05 불편한 감정은 영원하지 않다     32
06 불안을 이기는 습관     36
07 털어 내는 훈련     40
08 알아차리기     46
09 자연, 마술 같은 치유     51
10 물리적인 시간과 주관적인 시간     55
11 냄새와 심리     60

## 2장 ● 여름,
원하는 가을을 맞이하려면
마음을 자주 들여다보아야 합니다.

| | | |
|---|---|---|
| 01 | 삶의 의미를 마주하고 바라보는 것 | 66 |
| 02 | 여행의 긍정 심리 | 71 |
| 03 | 슬픔과 우울의 무게 | 75 |
| 04 | 소리에 예민하다는 신호 | 80 |
| 05 | 마음에 걸리는 것은 다 이유가 있다 | 84 |
| 06 | 의미 있는 대인관계 | 88 |
| 07 | 문자로 주고받는 대화 | 92 |
| 08 | 과도한 걱정 | 96 |
| 09 | 가족으로부터의 독립 | 101 |
| 10 | 행복하게 산다는 것 | 106 |
| 11 | 역경은 의지의 씨앗 | 111 |

## 3장 • 가을,
**어디를 향해 가는지
길을 잃었다면
일단 멈추고 알아채야 합니다.**

| | |
|---|---|
| 01 가족의 풍경 | 118 |
| 02 대화를 하지 않는 가족 | 122 |
| 03 잔소리보다 관계 회복이 먼저 | 126 |
| 04 감정 전달하기 | 131 |
| 05 의도적인 침묵 | 136 |
| 06 부모의 중독 | 140 |
| 07 애도는 여행과 같습니다 | 144 |
| 08 높은 척하는 자존감 | 149 |
| 09 기억력보다 더 강한 이해력 | 154 |
| 10 용서의 이점 | 159 |

# 4장 • 겨울,

**영원한 겨울에 잡히지 않도록
도움의 손길을 잡아야 합니다.
그리고, 겨울이 품은 봄을 기대해 봅니다.**

| | | |
|---|---|---|
| 01 | 변화하고 바뀐다는 것 | 166 |
| 02 | 약물치료와 심리치료 | 170 |
| 03 | 동물 치료 | 174 |
| 04 | 잠은 그 자체로 치료이고 진정제 | 179 |
| 05 | 불안을 낮춰 주는 애착 대상 | 184 |
| 06 | 자연이 주는 위로 | 188 |
| 07 | 꽃이 주는 심리적 안정감 | 192 |
| 08 | 물의 진정 효과 | 196 |
| 09 | 마음을 치료하는 음악 | 200 |
| 10 | 눈물에 대한 심리학 | 206 |

에필로그      212

## 프롤로그

　누군가 떨어뜨린 주인 없는 이야기 하나가 온 마음을 어지럽힌다면, 오랜 시간 잘 숙성된 책 속의 이야기를 읽고 정리하면 마음이 맑아집니다. 목적 없이 시선이 머무는 장을 펼치고, 문장과 문장 사이에 고여 있는 마음의 풍경을 조전하며, 천천히 행복 위를 걸으면 됩니다.

　고단한 하루와 뒹굴면서 근심과 걱정 다 떨쳐 버리고 싶지만, 방법을 모르는 분들, 긴긴밤 어둠 속에서 슬픔과 함께한 분들, 숨 가쁘게 달려와 쓰러지듯 엎디어 온몸으로 고통을 어루만지는 분들에게 이 책 속의 글들이 물거품처럼 흩어지는 소유할 수 없는 파도 같은 희망이 되어 심장을 두드리고, 기적 소리 같은 희망을 어루만지는 시간이 되시길 바랍니다.

 주홍글씨 같은 침묵을 목에 걸고 모진 세월 버티어 왔지만, 날마다 토해 내고 싶었던 울분을 꾸역꾸역 억누르면서 생각이 휘어지고, 온몸이 뒤틀리면서도, 참으면 안 된다는 것을 깨달아야 합니다. 그렇다고 말을 아끼듯 몸으로 말하는 것도 잘못된 분출입니다.

 내가 나다움으로 살아갈 수 있도록 도와주는 언어로 가득한 책 속에서 뼛속 깊이 박혀 있던 의지와 성장을 발견하고, 생각 안에 있는 어둠을 밀어 내서 따뜻한 봄을 맞이하길 바랍니다.

**이재연 · 손소영 드림**

# 1장

## 봄,

겨울이라는 긴 휴식에서 깨어나
온 세상이 자라납니다.
세상이 일어나니 나도 일어난 것 같지만
마음은 아직 봄이 버겁기만 합니다.
달리기 전에 운동화 끈 질끈 매듯이
마음의 끈도 질끈 매야 합니다.

## 01 삶이 무료하다면

"가끔 삶이 무료하다고 느낍니다. 그럴 때는 뭘 해야 할지 모르겠어요."

큰 계획은 아니더라도, 작은 계획을 세우면 좋습니다. 일주일 아니면 오늘 하루의 계획도 좋습니다.

해마다 사과나무는 어느 곳에 둥근 모양을 기억했다가 똑같은 사과를 키워 냅니다. 이처럼 마음 어딘가에 약동을 멈추지 않는 희망을 품고 있다가 매일 삶에서 키워 내야 합니다. 작은 희망조차 인색한 사회생활이든 가족생활이든 너무 쉽게 무릎 꿇지 않으려는 의지가 꿋꿋해야 합니다.

노을이 지는 것을 보고서야 비로소 시간이 오고 갔음을 깨닫고, 아침 해가 뜨는 것을 보고서야 새로운 시간이 온 것을 깨닫습니다. 이처럼 보는 것이 중요합니다. 잠자고 있는 책을 책 선반에서 구출해 내고, 갇혀 있던 지혜의 글자가 마음껏 내 눈을 통해 날아들어 오도록 기회를 줘야 합니다.

 나에게 들어온 글자는 '의지'라는 옷으로 갈아입은 후, 춤을 추며 눅눅했던 손과 발을 움직이며 햇살과 어울려 놀 것입니다. 그러다 무엇인가 하고 싶은 것이 불쑥 머리와 마음 방문 앞으로 걸어와 노크합니다. 열어 달라고…. 나를 한번 만나 달라고….

 2017년, 미국 하버드 대학교 보건대학원 연구팀은 〈삶의 목적과 신체 기능의 객관적 측정 사이의 연관성(Association Between Purpose in Life and Objective Measures of Physical Function in Older Adults)〉이라는 논문을 《미국정신의학회》에 발

표했습니다.

이 논문에서는 성인 남녀 4,486명의 참가자를 모집해서 이들의 심장, 뇌, 근육 등과 같은 신체적 건강도와 삶의 목적이 있는지에 따른 연관성을 알아보았습니다.

연구 결과, 삶의 목적이 있는 참가자일수록, 상대적으로 스트레스 수치가 낮았습니다. 또 신체 건강도를 나타내는 악력이 약해지거나 보행 속도가 느려질 가능성이 낮았습니다.

그 이유로는 삶의 목표를 가진 참가자들은 목표를 이루고자 하는 욕구와 의지가 높았고, 그로 인해 건강을 위협하는 행동을 피하고 몸에 긍정적인 기능을 하는 행동을 유지하는 것으로 나타났습니다. 정신적으로도 삶에 무료함이나 불행에 대해서 덜 느끼고, 긍정적인 생각은 더 많이 하는 것으로 나타났습니다.

'목표'라는 글자에는 노력과 고난이라는 땀이 배어 있습니다. 그래서 목표가 한 걸음 두 걸음 걸어간 발자국을, 그 자취를 쉽게 읽어 낼 수 있습니다. 규모가 크지 않아도 됩니다. 작은 목표를 따라 찬찬히 걷는 것만으로도 정갈하고 당당해 보입니다.

 매일 아침 일어날 때, 눈을 뜬 목적과 동기가 무엇인지 생각해 보고, 그날 이뤄 낼 작은 목표를 진지하게 고민해 보는 시간은 그 어느 것보다 빛나는 삶입니다.

 매주, 삶의 끝자락이 마무리될 때, 뒤뜰에는 생명의 열매들이 우수수 떨어져 앉아 있을 것입니다.

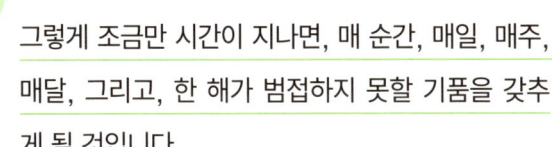

그렇게 조금만 시간이 지나면, 매 순간, 매일, 매주, 매달, 그리고, 한 해가 범접하지 못할 기품을 갖추게 될 것입니다.

## 02 마음의 변화

"부정적인 생각을 멈출 수가 없어요."

 모든 깨달음은 감동을 수반합니다. 그리고 머리로는 절대로 감동할 수가 없습니다. 의심하는 일에는 머리를 쓰고, 깨닫는 일에는 가슴을 쓰기 때문입니다. 그래서 생각이 많아지면 몸도 무거워집니다. 어느 땐 너무 많은 생각으로 무거워진 몸이 생존을 위해 눈물을 내보내 몸무게를 줄이려고 발버둥을 칩니다.

 뺨을 타고 내리는 눈물방울이 쇳덩이보다 더 무겁게 느껴지는 것이 바로 이 때문입니다.

무거운 걱정에서 내려와 아름다운 나를 만나는 시간을 가져야 합니다. 누가 만들어 놓았는지 모를 정도로 참으로 아름다운 나와 자연을 느끼지 않고 살아가는 날이 많습니다.

삶에서 자주 나를 만나러, 생각의 길을 벗어나 마음까지 걸어가는 노력이 있어야 마음 근육들이 힘을 얻고 단단해지는 것입니다.

때로는 겉으로 드러내 버리면 마치 자신이 간직하고 있는 마음의 크기와 무게가 삭감되는 느낌을 주는 듯하지만, 머릿속에 머무는 것이 행복이든 불행이든 그냥 그 자체로 무겁습니다. 그리고 어둠을 머금고 있는 마음 풍경에는 봄도 얼굴을 비추지 않습니다.

1998년, 미국 하버드 대학교 심리학과 '다니엘 시몬스(Daniel J. Simons)' 교수와 켄트 주립 대학교 심리학과 '다니엘 레빈(Daniel T. Levin)' 교수는 〈실제 소통 중에 사람들의 변화 감지에 대한 실패(Failure to detect changes to people during a real-world interaction)〉라는 논문을 발표했습니다.

이 논문은 참 재밌습니다. 한 실험자가 지나가는 보행자와 대화를 시작하고, 대화하는 동안 큰 그림을 옮기면서 순식간에 다른 실험자로 교체가 됩니다. 이 실험에서 보행자의 절반이 이런 큰 변화를 감지하지 못합니다.

눈앞에서 이야기하는 사람이 다른 사람으로 바뀌었는데도 못 알아본 것입니다. 이것을 시몬스와 레빈 교수는 **'변화 실명, 혹은, 변화맹(change blindness)'**이라고 불렀습니다.

'변화맹'은 타인의 변화를 쉽게 알아차리지 못하는 현상을 말합니다. 사람의 뇌는 타인의 무변화와 변화의 간격에서 고민하지 않습니다. 그냥 필요한 정보만 선택적으로 받아들입니다. 그래야 뇌가 스트레스를 받지 않기 때문에 본능적으로 불필요한 것에는 반응하지 않는 것입니다. 이러다 보니 마음의 변화는 희미해지고 내가 쥐고 있는 생각과 걱정만 선명해지는 것입니다.

마음의 변화는 주변과 거미줄처럼 연결된 나 자신을 함께 바라볼 수 있어야 시작됩니다. 주변을 보지 못하고 나에게 매몰되면 눈길 닿는 곳마다 수시로 겨울이 다가옵니다. 자신이 변화하지 않으려는 모습을 타인의 탓으로만 돌리게 됩니다.

지금, 이 순간을 정확히 직면해야 불필요한 생각을 멈출 수 있습니다.

生각의 꼬리 물기를 멈추면, 어둠의 장막이 걷히고 눈부신 햇살이 거침없이 쏟아집니다.

## 03  행복하기로 마음먹은 만큼

"저는 외로움을 타는 게 아니라 그냥 혼자 있는 걸 즐기거든요. 이것도 문제일까요?"

행복하기로 마음먹은 만큼 행복합니다. 혼자 있는 것이 행복하다면 그건 외로움이 아닙니다. 혼자서도 시간을 즐길 수 있는 '고독'인 것입니다.

시간을 밟아 가며 만들어 낸 삶의 길 위의 흔적은 기쁨도 되고, 때로는 상처가 되기도 합니다. 길도 때로는 아무도 지나가지 않는 순간이 있듯이 가끔은 혼자 사색할 시간이 필요합니다. 가끔은 비어 있어야 채우고자 하는 욕망이 생기는 것처럼 아주 가끔은 텅 빈 공간이 그리울 때가 있습니다.

돌아보면, 살면서 나를 찾아온 만남, 이별, 기쁨, 슬픔을 고비 사막을 걸어가는 낙타처럼 온몸으로 껴안았기에 그 어떤 고통과 시련이 다시 찾는다고 해도 그 또한, 나를 다시 찾아온 손님이라고 생각할 수 있는 힘이 존재하는 것입니다.

2015년, 미국 휴스턴 대학교 연구팀은 〈외로운 사람은 타인과의 유대감을 원하지만 억지로 대인관계를 넓히면 더 큰 고립감을 느낀다.〉라는 논문을 《건강심리학회》에 발표했습니다.

이 논문에서는 18세에서 60세 사이 537명의 참가자를 대상으로 설문 조사를 진행했습니다. 설문 조사는 총 4가지 유형이었습니다.

첫 번째는, '좋든 싫든 나는 내가 어떤 사람인지 알고 있다.'와 같은 '자각'에 대한 질문입니다.

두 번째는, '가치관이나 믿음에 부합하는 행동을 실천하고 있다.'와 같은 '행동'에 대한 질문입니다.

세 번째는, '다른 사람과 관계를 형성할 때 열린 마음으로 정직하게 대할 수 있다.'와 같은 '관계성'에 대한 질문입니다.

네 번째는 '다른 사람들이 하는 말이나 행동에 구애받지 않고 스스로를 정확하게 평가한다.'와 같은 '편견'에 대한 질문입니다.

연구 결과, 외로움을 많이 느끼는 사람일수록 우울감과 불안감을 보였고, 신체적인 문제와 음주와 같은 부정적인 습관까지 보였습니다. 하지만 외로움을 느끼면서도 스스로에게 진솔한 경향을 보인 참가자는 외로운 감정을 성격의 문제까지 확대하지 않았습니다.

또, 자신과 맞지 않는 사람과 힘들게 어울리거나 원치 않는 일을 함께하면서 외로움을 덜어 내려고 하지 않았습니다.

스스로에게 솔직한 사람은 외로움이라는 부작용을 완충시킬 만한 힘이 있는 것입니다.

세상에서 가장 슬픈 단어는 '그때 그렇게 했더라면 좋았을 텐데.'라고 합니다. 행동에 대한 책임은 행동을 선택한 나의 몫입니다. 그때가 기회일 거라는 생각에 그 기회를 잡으려 애쓰지만 지나고 보면 내 것이 아닌 기회를 붙잡고 있었다는 것을 느낄 때도 많습니다.

생각만 하는 것은 아무리 좋은 것이어도 포장해 놓고 주지 않는 선물일 뿐입니다. 생각이 고정되었으면 행동에 조금씩이라도 옮기는 습관을 가져야 합니다.

넓은 초원에 우뚝 서 있는 나무와 서랍 안에 갇힌 채

로 울고 있는 것은 전혀 다른 것입니다.

 물 밖으로 나가고 싶어 튀어 오르는 물고기가 있듯이, 따뜻한 실내를 더 아늑하게 느끼며 잘 자라는 식물도 존재합니다.

**몸과 마음이 울먹일 때마다, 나는 어느 쪽인지 생각해 볼 문제입니다.**

## 04  채워지지 않는 인정욕구

"저는 인정욕구가 강한데요.
채워지지 않아서 힘들어요."

인정이라는 말 자체에 '한계'가 존재합니다.

상대에게 받아야 하는 '인정'은 상대의 마음에 달렸습니다. 하지만, 상대의 마음은 내가 어찌하지 못한다는 것이 변수입니다.

상대에게 긍정적인 평가와 에너지인 '인정'은 나의 것이 아니라 상대의 감정적인 기여가 필요한 것입니다. 그렇기 때문에, 인정받고 싶은 욕구는 어느 정도

'좌절'될 수밖에 없습니다.

좌절을 만족으로 변화시킬 수 있는 시작점은 바로 지금까지 해 온 노력과 결과물을 상대가 알아주기를 바라는 마음을 내려놓고 나 자신이 인정하는 것입니다.

상대가 던지는 말 한마디가 마음에 파문을 일으킨다면, 마음이 만들어 내는 오답을 확인해 볼 필요가 있습니다.

무의식적인 내면의 목소리가 나를 일으키는 것은 정답이지만, 남의 말소리가 나를 집어삼킬 커다란 돌풍을 일으키는 것은 일어나지 않아야 할 실체 없는 괴물이 생각 속에 살고 있다는 말입니다. 그 괴물을 심리학에서는 바로 '**인지 오류(cognitive error)**'라고 부릅니다.

인지 오류는 일어나지도 않은 파국적 결말을 이미 일어난 것처럼 여기며, 괴로워하고, 힘들어하는 것을 말합니다. 내 생각의 중심이 나 자신에게 있는 것이 아니라 타인에게 있어서 그렇습니다.

내 마음을 내가 충분히 들여다보는 것이 아닌 남이 나를 들여다보는 것에 신경을 쓰면서 인지 오류는 더욱 강해집니다.

**중심은 나이고, 주변은 타인입니다.**

중심과 주변을 구별하는 힘이 필요합니다. 구별하는 힘이 부족해지거나 인정욕구가 너무 강해져서 나를 잊은 채 남에게 내맡겨져 있다면, '**예약된 시간 기법**'을 적용해 봐야 합니다.

아침부터 저녁까지 두 시간 간격으로 알람을 설정한 후, 예약된 그 시간에 나 자신을 마주 앉아 바라보며 확인하는 기회를 가져야 합니다.

첫째, 남의 시선이 아니라, 내가 나에 대한 시선을 이야기할 것.

둘째, 인정욕구가 올라오는 것을 느낀 후, 잠시 '타임아웃(time-out)'을 외칠 것.

셋째, 스스로 나의 과정과 결과에 대해 칭찬하고 인정하는 말을 할 것.

스스로의 인정이 쌓일수록, 인정욕구도 과도하지 않게 되고, 내면 깊은 곳에서 공감의 결이 형성됩니다. 자신의 삶을 바탕으로 스스로를 이해하면서 삶의 자취를 공감해야 합니다. 그래야 주변과 중심의 경계선이 명확해집니다.

타인과의 관계에서 엇박자를 관찰하기 전에 우선 나 자신과의 관계에 대한 마음을 진지하게 고민할 필요가 있습니다.

나의 인정욕구를 채우기 위해서는, '나' 자신을 있는 그대로 사랑하는 것이 우선입니다.

## 05 불편한 감정은 영원하지 않다

"낯선 사람과 눈을 마주치는 것도 대화하는 것도 어려워요."

단순한 부끄러움인지, 아니면 사람을 만나는 것이 어려운 것인지부터 구분하면 좋겠습니다.

담대함을 차곡차곡 접어서 몸속 어딘가 깊숙이 구겨 넣은 것처럼 부끄러움을 많이 탄다면, 조급해하지 말고, 천천히 온몸 여기저기 숨어 있을 담대함을 찾아 나가면서 금방 회복하실 수 있을 것입니다. 하지만, 수줍음이나 부끄러움이 아니라 피하고 싶어서 사람을 만나는 것이 힘들다면 가벼운 내용은 아닙니다.

평범한 '**수줍음(shyness)**'과 '**회피성 성격(avoidant personality)**'을 구분해야 합니다.

사람은 본능적으로 주변 사람들에게 갑작스러운 주목을 받거나 남들에게 발표해야 하는 '낯선 상황'을 어느 정도는 불편해하는 것이 정상입니다. 그 이유는 바로 두 가지입니다. 하나는 '익숙하지 않은 상황'이고, 또 다른 하나는 '정보가 없는 다수의 사람'입니다.

'불편하다'라는 감정은 '익숙한 시간, 장소, 대인'에서 벗어날 때 생기는 감정입니다.

늘 반복되는 시간이 아닌 너무 이른 시간이나 너무 늦은 시간, 또는 모르는 장소에 가거나, 아무런 정보가 없는 사람을 만나게 되면 불편하다는 감정이 형성되는 것입니다. 반대로 말하면, 늘 그 시간에 익숙한 장소에서 충분히 알고 있는 사람을 만날 때, 제일 편한 것입니다.

이러한 이유로, 어느 정도의 불편한 감정이 형성되는 것은 '정상적인 수줍음'인 것입니다. 하지만, 불편한 감정에서 끝나는 것이 아니라 직무 능력에 부정적인 영향을 미치고, 상대방이 나를 싫어하고, 비난할 것 같아서 대인관계를 이어 나가는 것이 힘들게 되는 정도가 된다면, 단순한 부끄러움 정도가 아니라 '회피성 성격'의 문제를 가지고 있는 것입니다.

**삶의 리듬을 인정하고 수용하는 자세가 제일 중요합니다.**

살아가는 날들 속에는 수많은 변수들, 갈등들, 작은 실수와 실패들이 가득합니다. 그리고 어느 누구나 좌절하고 매일 감정적인 충격도 받으며 살아갑니다.

단 1%도 생각과 감정이 긁히지 않고 살아가는 사람은 존재하지 않습니다. 오히려 이러한 크고 작은 상처의 계단을 밟고 올라가는 삶이 더 많습니다.

**'불편한 감정은 영원하지 않다.'라는 말을 마음 주머니에 늘 소지해야 합니다.**

상대방도 상대방의 삶이 중요하듯, 나의 하루를 있는 그대로 바라보는 관점을 가져야 합니다. 낯설게 느끼는 것은 문제가 없습니다. 하지만, 대인관계에서 서로의 높낮이 속에 자신의 위치가 낮다고 미리 가늠할 필요는 없습니다.

엇갈려 있는 많은 눈빛과 손짓을 바라보기보다는 상대의 가슴에도 '낯선 섬'이 있다는 것을 느끼는 것이 필요합니다.

나의 불편함에 집중하는 것이 아니라, 상대방 역시 수줍어하고, 낯설어하고, 마음이 위축될 수 있다는 사실로 감정을 이동하는 연습을 하다 보면, 사라지는 눈사람처럼 불편한 감정은 녹아내릴 것입니다.

## 06 불안을 이기는 습관

"바쁘게 살다 보면 불안이 줄어들까요?"

불안할 때는 먹구름이 말없이 곁에 와서 머뭅니다.

나에게 던지는 물음은 먹구름을 물러가게 하지만, 회피하는 것은 오랫동안 머물게 방임하는 것입니다. 먹구름 아래에 우두커니 앉아 있노라면, 옷깃을 헤치고 마음 깊숙한 곳으로 들어오는 울분과 고민이 만나 느닷없는 눈물을 쏟아 냅니다.

**스스로를 잊어버릴 정도로 바쁘면 덜 불안할 것 같은 생각은 오산입니다.**

불안이 나를 삼켜 버린 후에는 불가항력이라는 말만 생각나서 벗어나기 위해 아무거나 손에 잡히는 대로 '바쁨' 속에 숨어 버리려는 본능이 살아납니다. 결국, 하루살이처럼 생각될 정도로 암담한 날들만 이어집니다.

2021년, 호주 RMIT 대학교 연구팀은 〈의미 없는 일을 많이 하는 것은 불안감에 도움이 되지 않는다.〉라는 논문을 발표했습니다.

이 논문에서는 실험 참가자 95명을 대상으로 사회적 거리 두기를 유지하기 전과 후로 나눠서 주로 어떤 활동을 하면서 보내는지 또 불안감이나 외로움, 그리고 우울감과 같은 상태는 어떠한지 평가했습니다.

연구 결과, 의미가 있다고 느끼는 활동을 많이 할수록 부정적인 감정이 감소했지만, 의미 없는 일을 바쁘게 하면서 시간을 보냈던 참가자들은 부정적인 감정이 오히려 증가하는 것으로 나타났습니다.

불안감을 잊으려는 목적으로 단순히 '정신없이 바쁘면 된다.'라는 생각은 결론적으로 아무런 도움이 되지 않습니다.

불안감을 조절하는 데 어려움을 가져다주기 때문입니다. 반대로 의미 있는 활동은 부정적인 감정을 감소시키고 감정 기복이 심하지 않도록 도와주고 안정적인 상태에 이르게 한다는 것으로 나타났습니다.

**마음에 거슬리는 불안이 생겨나면, 생각부터 갈고 닦는 숫돌과 같다고 생각해야 합니다.**

배우자와 자녀로부터 귀에 거슬리는 말을 듣거나 마음에 상처를 받을 때, 이상하게도 세상이 거꾸로 돌아간다는 생각이 들기도 합니다. 이때, 이런 생각을 지우려고 의미 없는 일들로 내 주변을 가득 채워서 시간을 보내려는 실수를 저지르게 됩니다.

불안을 이기는 습관 중 하나는 나에게 가장 의미 있는 일을 찾아서 실천에 옮기는 것입니다.

젊어서는 꽃 한 송이, 풀 한 포기도 소중하게 여기던 사람이었지만, 세월의 파도에 휩쓸려 꽃이나 풀, 그리고 하루에 하늘 한 번 쳐다볼 여유마저 잃어버리는 사람들이 많습니다.

의미 가득한 삶에 기준이 분명하다면, 내 삶을 짐독 속에 묻어 버리는 일은 없을 것입니다.

꽃이나 나무가 말없이 피는 데도 시간이 필요하듯 불안한 마음을 잘 열고자 하면 억지로 바꾸려 하지 말고, 마음이 마음에게로 가는 길부터 만들어야 할 것입니다.

## 07  털어 내는 훈련

"마음이 찢어지도록 아픈데, 사람도 물건도 버리는 게 어려워요."

행복도 불행도 좁디좁은 가슴 창고에 넣기만 하면, '**저장강박장애**'로 인해 감정의 압력을 이겨 내지 못해서 시시때때로 굉음을 내며 폭발해 버립니다.

터지고 부서져 버린 감정의 밥솥은 늘 수위 조절 기능이 오작동을 일으킵니다. 결국에는 내 감정을 읽을 수 없는 상태가 됩니다. 그리고, 타인의 감정도 읽지 못하는 '**정서 난독증**'에 걸리게 됩니다.

복잡하게 마음 전부를 차지한 물건이든 생각이든 조금씩 정리하는 연습을 해야 합니다. 복잡한 집 안 가구와 옷가지를 정리하듯, 깨져 버린 생각과 쓰라린 마음을 분리수거하고 정리해야 합니다.

집과 방, 냉장고를 정리하면, 정말 몸과 마음까지 정리될까요?

2011년, 미국 심리학협회 119회 연례 모임에서 미국 코넬 대학교 '브라이언 원싱크' 교수는 〈집 안에 보이지 않는 식사의 덫(eating traps)〉에 관한 연구를 발표했습니다.

연구 결과, 대부분의 사람은 한 입 한 입 먹으면서 의식적으로 자신에게 배가 부른지 자문할 수 없는 환경에 살고 있다는 것을 밝혀냈습니다. 그릇의 크기를 바꾸고, 냉장고에 음식의 분류만 잘해도 신체적 건강이 달라지는 것으로 나타났습니다.

이 실험에서는, 60명에게 점심을 주는 실험을 시행했습니다. 30명에게는 623g의 그릇에 수프를 담아 줬고, 나머지 30명에게는 천천히 수프가 채워지는 바닥 없는 그릇에 수프를 줬습니다.

이 실험 결과, 천천히 채워지는 바닥 없는 그릇에 먹은 실험 참가자들은 73%나 더 먹었습니다. 심지어 이러한 사실을 알려 주기 전까지 자신이 더 많이 먹었는지도 몰랐습니다.

실제로, 많은 사람은 자신의 행동에 대해 자각하지 못하고 살아갑니다. 그렇기에 정기적으로 자신의 집 냉장고에 들어 있는 모든 음식을 정리해 볼 필요가 있는 것입니다. 그렇다면, 집의 환경이 정리되고 바뀌면 마음의 상태도 회복되고 바뀔까요?

2018년, 미국 펜실베이니아 대학교의 '페렐만' 의대 교수팀은 〈초록색의 빈 공간은 도시 거주자의 우울증 느낌을 줄인다(Greening vacant lots reduces feelings of depression in city dwellers).〉라는 논문을 《미국의학협회》에 발표했습니다.

이 논문에서는 주택 541군데를 선정해서 3가지 방법 중 하나를 바꿨습니다.

1. 녹색 지역 조성하기

2. 쓰레기 정리하기

3. 변화 없이 그대로 두기

이렇게 변화를 주었을 때, 거주자의 정신 건강 상태를 체크하는 검사를 진행해서 변화 전과 18개월의 변화 후에 다시 검사해서 비교 분석 했습니다.

비교 분석 결과, 녹색 지역을 조성하고, 쓰레기 정리

를 한 주택에 거주하는 사람들의 우울증이 41.5%가 감소했고, 특히 저소득층 주택에 거주하는 사람들은 68%나 감소했습니다. 엄청난 변화가 온 것입니다.

이 실험에서 잘 관리된 좋은 환경과 방치된 환경의 차이가 정신 건강에 얼마나 큰 영향을 미치는지 알 수 있습니다.

물건부터 조금씩 정리하고 버리면서 어두웠던 마음까지 밝아집니다. 주저하기만 하던 답답한 마음은 가구 정리되듯 자리를 잡아 가고, 이곳저곳 묻어 있던 생각 얼룩도 쓱쓱 씻겨 나갈 것입니다.

사람과 사람 사이가 허겁지겁 급하게 삼켜진 관계라면 안정적으로 유지될 수가 없습니다. 관계를 삼켜 버린 한쪽이 상대를 소유하려고 하게 됩니다. 상대의 생각과 감정까지 조종하려다, 서로를 고통스럽게 할퀴는 상처는 더욱 깊어지게 됩니다.

삶의 과정에서 쌓이고 쌓인 정서적 박탈과 같은 부정적인 감정들은 작은 물건들을 버리면서 조금이라도 털어 내는 훈련을 하면 회복되기 시작합니다.

시간이 흐르면서 물건을 정리할 수 있는 통제력에서, 힘든 대인관계를 정리할 수 있는 정서 조절력으로 이어지게 됩니다.

최선을 다해도 최악이 거듭된다면, '생활'보다 '생존'이라는 말을 절실히 품어야 합니다. 삶의 의미조차 잃어버리지 않아야 하기 때문입니다.

## 08 알아차리기

"그냥 머리가 무거워요. 우울한 건지 불안한 건지 그런 것도 잘 모르겠어요."

삶에는 무게가 있습니다. 종종 이 무게를 무시하다 보면, 감당할 수 없는 무거운 생각이 머리에 쌓이면서 온몸을 짓누르게 됩니다. 그 무게가 버거워서 과거로 도망치기도 하고, 어떨 땐 미래로 도망치기도 합니다.

과거로 도망치면 우울이고, 미래로 달아나면 불안입니다. 되돌릴 수 없는 과거의 문을 열고 들어가면 열쇠 없는 자물쇠만 한가득입니다. 미래의 문을 열면, 자물쇠 없는 열쇠만 온 사방에 흩어져 혼란스럽게 됩니다.

그래서 지금 이 순간이 중요합니다. 열쇠와 자물쇠를 모두 쥘 수 있기 때문입니다.

심리학에는 '**알아차리기(mindfulness)**'라는 용어가 있습니다.

나의 생각과 감정이 '지금 이렇다'라는 것을 관찰할 수 있는 힘을 말합니다. 꽃 한 송이 피우지 못하고 시든 과거를 후회하고 있거나, 어떻게 될지 모르는 미래 걱정에 빠져 있다면 스스로를 알아차리지 못하고 있는 것입니다.

몸은 지금을 살아가고 있지만, 생각과 감정은 여기에 없다는 사실을 알아차리는 것이 중요합니다. 세월의 흐름은 피부 주름살을 늘리지만, '알아차림'의 상실은 마음의 주름살을 늘게 됩니다.

옆구리에 걱정 주머니를 차고 살아가는 것도 문제지

만, 걱정거리가 없다는 것도 걱정스러운 일입니다. 또, 걱정을 하는 것이 문제의 무게감을 조금 가볍게 할 수 있다는 기대감을 가지는 것은 착각입니다.

하루의 문을 열 때는 '혹시나'가 동반됩니다. 기대와 희망이 하루와 시작되는 것입니다. 하지만 왼손에 붙든 기대와 오른손에 맞잡은 희망을 뿌리치고 우울과 불안의 어깨를 감싸는 것은 자신의 마음에 어두운 구름을 모으는 것과 같습니다.

**뇌는 자극을 절절히 여과해서 선택적으로 반응합니다.**

1999년, 일리노이스 대학교 심리학과 '다니엘 사이먼스(Daniel Symons)' 교수는 〈지속적 부주의에 의한 맹목(sustained inattentional blindness)〉 실험을 했습니다. 쉽게 말하면 '뇌는 맹목적으로 시시한 것들에 관심을 가진다.'라는 것입니다.

이 실험에서는 참가자들에게 눈을 감고 주변에서 들리는 소리를 다섯 가지 찾아서 적어 보라고 합니다. 참가자들은 컴퓨터 소리, 기침 소리, 발걸음 소리, 문을 여는 소리, 닫는 소리 등 온갖 소리를 적었습니다.

이렇게 '주의(attention)'를 기울여서 관심을 가지면 온갖 소리들이 들리지만, 왜 평상시에는 잘 들리지 않는 걸까요. 바로 뇌는 불필요한 자극을 많이 받으면 고장이 나기 때문입니다. 그래서 주변 자극을 선택적으로 걸러서 받아들이는 것입니다.

불행하게도 뇌는 처리해야 할 정보의 양이 정해져 있습니다. 그렇기 때문에 너무 많은 생각은 생각 멀미를 유발할 수 있습니다. 쌀이 밥상에 올라오는 밥이 되기 위해서는, 농부의 손을 여든여덟 번 거쳐야 하듯, 수많은 생각을 버려야 의식적인 행동 하나를 완성할 수 있습니다.

행동은 나를 찢고 나온 내 분신입니다. 생각을 버리고 행동에 헌신하면 몇 배로 기쁨을 주지만, 조금만 소홀히 하면 영락없이 생각이 공격해서 앙갚음을 합니다.

<u>무거운 생각은 나를 아프게 하고, 적절한 행동은 나를 새롭게 해 주고, 밝게도 해 주며, 철들게 해 주는 존재입니다.</u>

## 09  자연, 마술 같은 치유

**"시골로 이사 오고 건강이 많이 좋아졌어요."**

도시의 직선이 주지 못하는 시골의 곡선은 생각보다 많은 것을 선물합니다.

시골에서는 자연의 품에 안겨 잠이 들고 깨어나는 것만으로도 저절로 회복이 될 것입니다. 하지만, 도시의 미세먼지로 단장한 아스팔트와 직선으로 된 건물들로 가득한 환경에서는 곡선의 마음을 가지기가 쉽지 않은 일입니다.

시골의 맑은 공기가 창문을 두드리면 설레는 마음으

로 생각을 다듬고 뾰족한 마음 모서리를 갈아 냅니다. 미소가 번지고, 미소는 마음으로 물들고, 순한 어린 감정을 만들어 냅니다.

그늘졌던 우울함도 걷어 내고, 시골의 공기와 햇빛 따라 향기 피어올라서, 가슴에 훈풍 가득히 살맛 나는 시간을 품게 됩니다. 세상 근심 다 잊고, 새로운 몸과 마음 그릇에 맑은 공기와 물로 채울 수 있게 되는 것입니다.

2021년 5월, 미국 존스 홉킨스 의과대학교의 '리버 뇌 발달연구소' 연구팀은 〈대기오염은 유전적 위험과 상호 작용하여 우울증과 관련된 뇌의 피질 네트워크에 영향을 미친다(Air pollution interacts with genetic risk to influence cortical networks implicated in depression).〉라는 논문을 《미국국립과학원회보》에 발표했습니다.

이 논문에서는 대기오염이 심각한 중국 베이징에서 살고 있는 352명을 대상으로 참가자들의 '정신 건강과 뇌 기능'에 관해 연구를 진행했습니다.

연구 결과, 미세먼지 수치가 높은 곳에 거주하는 참가자일수록 우울증 증상이 많은 것으로 나타났습니다. 또한, 자기공명영상(MRI), 뇌 촬영에서 사고력과 기억력에 관련된 22개의 뇌 부위에서 활동 장애를 보이는 것으로 나타났습니다.

종합적으로 보면, 대기오염은 심장과 폐 건강에 영향을 주는 것뿐만 아니라, 우울증과 같은 뇌 질환에 직접적인 영향을 미치는 것으로 증명되었습니다.

모두가 시골로 이동하는 것은 불가능하지만, 몸과 마음이 지치면 자연으로 여행을 떠나듯, 자주 탄성과 함께 큰 숨 고를 수 있는 그런 곳을 찾아서 방문해야 합니다. 크고 작은 생명을 소생시키는 자연과 함께 내 마음도 물처럼 바람처럼 흐르고, 기쁨이 가득해지는 것은 당연한 이치가 될 것입니다.

 작은 꽃 하나도 당당한 자태를 뽐내고, 예뻐서 바라보고 있으면, 겸손한 마음으로 낮아져서 한참을 응시하게 됩니다. 눈이 부시게 고운 모습으로 마음속에 숨어들어 언 가슴을 마구 녹여 버립니다.

**마술 같은 치유입니다.**

## 10  물리적인 시간과 주관적인 시간

"제대로 쉬지도 못하고,
주말이 너무 길게만 느껴집니다."

시간은 두 가지로 나눠집니다.

**'물리적인 시간'**과 **'주관적인 시간'**입니다. 고장 난 것처럼 느껴지는 군부대 벽에 걸려 있는 시계는 '물리적인 시간'이고, 학창 시절 쏜살같이 지나가는 음악 시간과 미술 시간에 대한 인식은 '주관적 시간'입니다. 이처럼 시간은 두 개의 다른 길이를 가집니다.

이 둘을 잘 생각해 보면, 주중과 주말을 인식하는 나

의 태도를 확인해 볼 수도 있습니다.

군부대라는 공간은 나 자신을 위한 개별적인 목표를 설정하고 계획을 세우고 실행에 옮길 수 없습니다. 그렇기에 내 의지를 담을 수 있는 시간이 없어서 더더욱 길게 느껴지는 것입니다.

반대로 음악 시간과 미술 시간, 혹은 체육 시간은 나의 생각을 투영할 수 있거나, 미리 예측하고 기대감을 품기 때문에 시간의 속도가 빠른 것입니다.

2021년, 미국 오하이오 주립 대학교 연구팀은 '시간을 인식하는 데 차이가 생기는 이유'에 관한 논문을 《소비자심리학회》에 발표했습니다.

이 논문에서는 451명의 참가자들에게 주말이 '흥미로울지, 힘들지, 평범할지'에 대한 느낌과 주말이 시작하고 끝나는 데 얼마나 길게 혹은 짧게 느껴지는지 0점에서 100점까지의 척도를 검사했습니다.

이 결과, 참가자의 46%가 주말에 흥미로운 일을 예상하고 있을 때 주중에 기다리는 시간이 더 길게 느껴지고, 막상 주말이 되면 주말이 너무 빨리 지나가는 것으로 느꼈습니다.

즉, 주말을 힘든 시간으로 인식을 하면, 주중 5일도 지루하고 막상 주말이 되어도 거북이처럼 느리고 지루하게 느껴지는 것입니다.

이 연구를 통해 알 수 있는 점은 바로 '**인식**'입니다.

2021년, 캐나다 베이크레스트 센터장인 생리학자 '노아 코블린스키' 박사는 〈집안일과 뇌 건강 사이의 연관성〉에 대한 논문을 발표했습니다.

이 논문에서는 참가자 66명을 대상으로 청소, 요리,

정원 손질 등과 같은 집안일을 하는 것이 뇌 건강에 얼마나 영향을 미치는지 알아보았습니다.

연구 결과, 집안일을 즐기는 참가자의 경우 뇌 부피가 크다는 것을 발견했고, 집안일의 강도가 낮은 참가자의 뇌도 심장과 혈관 건강에 유익하게 작용하는 것으로 밝혀졌습니다.

이 연구의 의미는 바로 작은 일이라도 목적을 가지고 계획을 세워서 실행에 옮기는 것이 뇌의 신경계 활성화에 도움이 된다는 것입니다.

시간의 뼈대에는 단단한 계획의 문양이 존재합니다. 수많은 계획을 실어 오고, 실어 간 행동과 삶에 물결치는 세월의 무늬가 있는 것입니다.

수없이 휩쓸고 지나간 아픔과 상처와 그리고 흩어지고 굴곡진 시간들. 그 중심에서 수습하고 견뎌 냈던 마음을 헤아려서 다시 일어서야 합니다.

작은 목표라도 괜찮습니다. 지금 당장 목표를 정하고 계획을 세우고 행동으로 옮기시면 됩니다.

## 11  냄새와 심리

"화가 나면 요리를 합니다. 강의에서 요리하지 말라고 하셨는데 괜찮은 건가요?"

요리하는 시간이 과하면, 자녀나 가족과 대화하는 시간이 부족해서 드렸던 말씀입니다. 요리하는 행위 자체는 심리 건강에 도움이 되기 때문에 걱정하지 않으셔도 됩니다.

현실을 인식하는 자극 중 하나가 냄새입니다. 바람 냄새, 사람 냄새, 음식 냄새 등이 '지금, 이 순간'을 인식하게 만드는 자극들입니다. 반대로, 그 순간을 잊기 위해서는 다른 냄새를 맡으면 다른 시공간을 인식할 수 있게 됩니다. 이러한 이유로 냄새를 맡지 못하는 후각 문제가 생기면 현실 인식 능력이 떨어지게 되는 것입니다.

심리학에서는 '**프루스트 효과(proust effect)**'라는 용어가 있습니다.

후각의 경험을 통해서 마음 깊은 곳에서 웅크려 잠자고 있는 '기억'을 살려 내는 현상을 말합니다. 실제로 뇌에서 냄새를 담당하는 영역인 '후각 망울(olfactory bulb)'은 감정과 기억을 담당하는 '편도체'와 '해마'에 직접적으로 연결되어 있습니다. 이러한 이유로 냄새를 맡으면, 고통과 같은 감정을 편도체에서 조절하고, 편안한 기억을 유지하고 회복할 수 있도록 해마에서 통제가 이루어지게 됩니다.

2022년, 호주 이디스 코완 대학교의 '조안나 리스(Joanna Rees)' 교수팀은 〈7주간의 음식 문해력 요리 프로그램이 요리 자신감과 정신 건강에 미치는 영향: 준 실험 통제 개입 실험의 결과(How a 7 week food literacy cooking program affects cooking confidence and mental health: findings of quasi-experimental controlled intervention trial)〉라는 논문을 《영양학회》에 발표했습니다.

이 논문에서는 657명의 실험 참가자들에게 7주간 요리 프로그램을 참여하게 한 후, 요리 프로그램에 참여하지 않은 일반인들과 전반적인 정신 건강을 비교했을 때, 자신감의 향상과 함께 외로움과 같은 우울감이 완화되는 것으로 나타났습니다.

화가 나면 스트레스 호르몬인 '코르티솔(cortisol)'이 분비됩니다. 이때 음식을 만들어서 섭취하게 되면, 포만감을 느끼면서 행복 호르몬인 '세로토닌(serotonin)'이 분비되어서 우울이나 화가 감소하는 보상 작용이 일어나게 됩니다.

시간과 공간의 테두리를 벗어날 수 있는 방법 중 하나가 요리입니다. 적절한 음식과 혼자만의 요리를 하는 시간은 시간을 거꾸로 흐르게 만드는 장점이 있습니다. 음식을 만드는 과정에 집중하면서 부정적인 감정이 반듯하게 쪼개지고, 적막이 흐르던 공간에서 목구멍에 걸린 생선 가시를 핀셋으로 뽑아내는 듯한 시원함이 쏟아집니다.

내 감정의 중심을 맞추는 일은 물맛과 밥맛의 차이점을 느끼는 일과 비슷합니다. 곱씹으면서 밥을 한 알씩 음미해야 참맛을 느끼는 것처럼, 찬찬히 감정을 곱씹으면서 불필요한 감정과 필요한 감정을 구별해야 탁했던 마음도 환기가 일어나서 맑아지게 됩니다.

내 감정의 중심을 맞추기 위해 불필요한 감정과 필요한 감정을 구별해야 합니다.

# 2장

## 여름,

파릇파릇 자라는 세상 속에서
상처도 외로움도 같이 자랍니다.
어느 것이 나무이고 어느 것이 아픔인지
자세히 들여다보지 않으면 알 수가 없습니다.
원하는 가을을 맞이하려면
마음을 자주 들여다보아야 합니다.

## 01  삶의 의미를 마주하고 바라보는 것

"바빠서 정신이 없어요."

심리학에서는, '**정신적 여유(psychological availability)**'라는 용어가 있습니다.

정신적으로 여유가 없을 때, 사람들은 자기 자신에게만 집중하는 모습을 보이고, 이때 '**전이효과(transfer effect)**'가 나타납니다.

**정신력은 한정된 자원입니다.**

'전이효과'란, 타인에게 정신력을 다 소모해 버리면

가족에게 사용할 정신력이 없고, 가족이 서로 싸우느라 정신력을 고갈하면, 타인과의 대인관계를 이어 가지 못하게 되는 심리 현상입니다. 즉, 우리의 정신력은 늘 한정된 자원임을 깨달아야 합니다.

오전에 너무 많은 정신적 자원을 사용한 나머지 점심시간을 반납하고 운동하기로 마음먹었다면, 카리스마를 가진 생각의 지휘자를 움직여 몸을 지휘하게 만들어야 슬픔이 몸에 자리 잡으려는 시도에 타협하지 않을 수 있습니다.

공원을 걷는 발걸음에 납덩이 하나 얹혀서 판단력을 반감시키지만, 부지런히 단순함을 무기 삼아 계속 걷다 보면, 어느새 안타까움과 안쓰러움, 슬픔과 상처가 한꺼번에 소리 지르지 않고 순서를 지켜서 천천히 사라집니다. 상처를 심지 삼아 끊임없이 생각을 타고 오르던 고통도 몸의 리듬을 타고 내려갑니다. 이래서 운동하라고 노래를 부르는 것입니다.

2017년, 미국 코네티컷 대학교 연구팀은 성인 419명을 대상으로 〈가볍게 걷기만 해도 정신 건강을 증진하는 데 도움을 준다.〉라는 연구를 《미국건강심리학회》에 발표했습니다.

이 연구에서는 4일 동안 몸에 전자 장비를 부착하고 '운동 강도와 정신 건강 및 우울한 감정의 수준'을 측정했습니다.

연구 결과, 15분에서 20분 정도 즐기는 산책만으로도 심리적 행복 수준을 높이고, 우울감을 낮추는 효과가 높았습니다. 걸으면서 몸만 움직이는 것이 아니라, '나의 존재성'을 되새기는 의미를 가져야 효과가 높습니다.

2019년, 미국 캘리포니아 대학교의 '딜립 제스트(Dilip Jeste)' 교수팀은 〈삶의 의미와 신체와 정신, 그리고 인지 기능과의 관계(Meaning in Life and Its Relationship With Physical, Mental, and Cognitive Functioning: A Study of 1,042 Community-Dwelling Adults Across the Lifespan〉라는 논문을 발표했습니다.

이 연구에서는 21세 이상 성인 1,042명을 대상으로 3년에 걸쳐서 추적 관찰 연구를 진행했습니다.

연구 결과, 10대와 20대는 학업 및 직업, 30대와 40대는 직업 및 가족, 50대와 그 이상은 건강과 가족에게서 삶의 의미를 찾는다고 하였습니다. 이처럼 각각 세대들이 느끼는 삶의 의미는 다를 수밖에 없지만, 그럼에도 불구하고 각각 삶의 의미를 찾고 있는 사람들은 신체적으로나 정신적으로나 더 건강했습니다.

삶의 의미는 철학적인 문제가 아니라 지금 바꿀 수 없는 것은 받아들이고, 바꿀 수 있는 것을 변화시키기 위해서 노력하는 마음가짐입니다.

자주는 아니더라도, 가끔 삶의 의미를 마주하고 바라보는 것만으로도, 슬픔과 우울이 몸을 타고 올라오는 것을 멈출 수 있게 만듭니다.

아무리 바빠도 삶의 곡선을 마주하기 위해 산책하면서, 나의 존재성을 바라보는 기회를 가지면 좋겠습니다.

## 02  여행의 긍정 심리

"여행 가는 사람이 부럽기만 해요."

마음속에 바다나 산, 한두 개를 넣어 두는 것은 중요한 일입니다.

산이나 바다로 여행을 가면 우리 몸은 방어적인 자세를 버리게 되면서, 스트레스 수치가 떨어지고 면역 시스템과 연관된 세포들이 영향을 받아서 몸도 마음도 회복의 옷을 입게 됩니다. 털끝만큼이라도 남의 간섭을 받지 않고, 온전히 나 스스로를 느끼는 여행은 인생의 극장에서 벗어나 삶의 본질을 손에 쥐게 됩니다.

**여행을 통한 거리 조절은 깊은 마음까지 자극합니다.**

익숙함이라는 이름에 심리적 거리를 조절하지 못하던 나와 나 사이를 떼어 놓고, 전혀 다른 눈으로 내가 나를 바라볼 수 있도록 도와주는 것이 여행입니다. 하루살이처럼 암담하던 시간도 바다의 기막힌 노을 앞에서 맥을 추지 못하고, 압도적인 노을과 파도 앞에서 모든 것이 녹아내려 버리기도 합니다.

2020년, 미국 워싱턴 주립 대학교의 '제임스 패트릭(James Petrick)' 교수팀은 〈여행을 더 자주 하면 삶이 더 만족스러울까요?(Would you be more satisfied with your life if you travel more frequently?)〉라는 논문을 발표했습니다.

이 논문에서는 1년 동안 500명의 실험 참가자들의 여행 습관을 조사했습니다. 이 여행 습관이 직업, 가족, 친구 관계에 미치는 행복감과 긍정 심리를 조사했습니다.

연구 결과, 1년에 4회 이상 일상에서 벗어나는 경험을 하면, 여행하지 않는 참가자들보다 7% 더 행복감을 느끼는 것으로 나타났습니다.

특히, 120km 이상 떨어진 곳으로 종종 여행하는 사람일수록 행복감은 더 큰 것으로 드러났습니다. 참가자들의 혈액검사에서 노화 생물 표지가 눈에 띄게 좋아졌고, 면역력이 높아졌고, 염증 방어 능력이 향상되었습니다.

**고요한 밤에 바람 소리를 들으면, 울림이 더욱 깊고 넓습니다.**

비가 그친 뒤에 산빛을 보면 경치가 더욱 새롭고 아름답게 느껴지는 것처럼, 여행을 떠나, 두고 온 나의 삶의 흔적을 바라보면 막혔던 생각은 뚫리고, 닫혔던 마음도 열리는 놀라운 경험을 하게 되는 것입니다.

평소 나를 깨우던 차 소리가 아닌 물소리, 바람 소리, 새소리로 아침을 시작한다면, 그 작은 소리들의 여운은 내 마음을 건드려서 온 마음의 여백을 채워 줍니다.

마치 종이 위에 쓰인 시들이 살아서 움직이는 현실이 되는 것과 같은 현상을 느끼게 됩니다. 그래서 여행을 갈까 말까 주저하지 말고, 주말이나 휴가를 내서라도 다녀오는 것이 맞습니다.

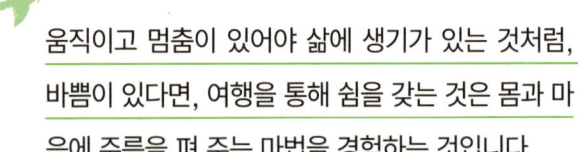

움직이고 멈춤이 있어야 삶에 생기가 있는 것처럼, 바쁨이 있다면, 여행을 통해 쉼을 갖는 것은 몸과 마음에 주름을 펴 주는 마법을 경험하는 것입니다.

## 03 슬픔과 우울의 무게

"우울에서 벗어나기가 어렵네요."

　우울의 기억을 조금씩 떠먹으며 살찌우면, 우울 비만에 걸립니다. 운동과 독서가 답입니다.

　한번 만지기 시작한 우울에 평생 발목을 잡히기도 합니다. 여러 번 도망가고 싶지만, 우울에 파묻혀 평생을 함께하는 이도 많습니다.

　옛날이 좋았다고 두 눈을 가느다랗게 좁혀 보아도, 넓게 마음을 잠식해 버린 우울만이 가득합니다.

나와는 아무 상관 없다는 듯, 하늘은 눈이 부실 정도로 맑고 밝을 때, 우울은 더 심해지기도 합니다. 누군가 나보다 더 슬픈 이가 나타나야 실타래 풀듯, 우울도 풀릴 것 같은 방어기제가 작동합니다. 이런 나를 느낄 때마다 가슴에 쌓였을 답답함을 수많은 들숨과 날숨에 실어 '훅~' 불어 내며 진정해 보려 할 것입니다.

지나가는 말처럼 던진 우울의 한마디는 귓전에서 윙윙거리며 끝없이 괴롭히게 됩니다. 우울이 근처에 얼씬도 못 하도록 몸을 일으켜 움직여야 합니다.

**우울을 뚫고, 긍정의 이쪽과 희망의 저쪽이 만나게 하는 방법은 운동이 최고입니다.**

2020년, 포르투갈 정신과 전문의인 '조지 모타 페레이라(Jorge Mota-Pereira)' 연구팀은 〈적절한 운동은 심각한 우울을 가진 이들을 개선할 수 있다(Moderate exercise improves depression parameters in treatment-resistant patients with major depressive disorder).〉라는 논문을 《정신과학회》에 발표했습니다.

이 논문에서는 우울을 가진 150명의 참가자들을 두 그룹으로 나눠서 12주 동안 실험을 진행했습니다. A 그룹은 약물치료와 함께 유산소운동으로 일주일에 5일을 하루 30분에서 45분 걷도록 했습니다. 그에 반해 B 그룹은 약물치료만 받도록 했습니다.

실험 결과, 약물치료만 받았던 참가자들은 우울이 크게 향상되지 않았지만, 주기적으로 걸으면서 약물치료를 받은 참가자들은 26% 이상 개선된 것으로 드러났습니다.

또, 브라질 센트로 대학교 심리학과 '세자르 하이처트' 교수팀은 〈브라질 남부 지역사회의 시민들의 신체활동 및 우울 증상(Physical activity and depressive symptoms in community-dwelling elders from southern Brazil〉〉이라는 논문을 발표했습니다.

이 논문에서는 약 400명의 일반 참가자들을 대상으로 실험한 결과, 신체 운동을 많이 하는 사람일수록 우울증에 걸릴 위험이 70%나 낮은 것으로 나타났습니다.

운동으로 우울을 당겨서 벗겨 보면 아니나 다를까 우울한 삶의 흔적이 지도처럼 그려져 있을 것입니다. 하지만, 미처 지우지 못한 우울의 잔해들이 모두 다 운동으로 탈색되고 지워지지는 않을 것입니다. 그래서 운동과 독서를 병행해야 합니다. 그래야 슬픔과 우울의 무게가 가벼워집니다.

우울을 말끔하게 지워 버릴 수 있는 운동과 독서, 오랫동안 신체와 글자를 응시하면 몸도 지혜도 나에게 말을 걸고 친구가 됩니다.

마음 근육과 신체 근육이 강하면, 우울은 비명조차 질러 보지 못하고, 세월의 뒤안길로 사라진다는 확신을 가지고 당장 지금부터 실천하시길 바랍니다.

## 04 소리에 예민하다는 신호

"제가 소리에 예민한데요.
이것도 심리적인 문제인가요?"

하루에도 마음속 갈등으로 몇 번씩 감정이 파도처럼 출렁입니다. 녹록지 않은 시간입니다.

이럴수록 조용하고 아늑한 공간에 대한 본능은 높아지게 됩니다. 하지만, 층간 소음, 휴대폰 소음, 차량 소음, 디지털 매체 소음 등 동시다발적으로 분리수거가 되지 않는 생활 소음이 넘쳐 납니다. 지속적인 노출이 아닌 간헐적 노출만으로도 청각적인 문제가 생길 수 있습니다.

심리학에서는 '**미소포니아(misophonia)**'라고 합니다. 일종의 불안증입니다.

그리스어인 '미소스(misos)'와 소리를 뜻하는 '포네(phone)'가 합쳐져 만들어진 말입니다. 이 증상은 특정한 소리에 지나칠 만큼 예민하게 반응할 때 사용합니다. 보통은 '선택적 소음 과민증후군'이나 '청각과민증'이라고 합니다.

남이 껌을 씹을 때 내는 '딱딱' 소리를 참지 못하는 경우가 있고, 또 비닐봉지 소리에서 나는 부스럭 소리를 못 참는 경우도 있습니다. 이렇게 특정한 소리에 예민한 것을 말합니다.

2015년, 미국 사우스 플로리다 대학교 연구팀의 조사에 의하면, 미국의 학생들 20% 정도가 미소포니아 증상을 앓고 있는 것으로 나타났습니다.

대부분 이러한 증상은 10살 전후로 나타나다가 사춘기를 기준으로 점점 심해집니다. 생리심리학에서는 미소포니아가 생기는 이유를 '스트레스로 인한 근육 수축'으로 보고 있습니다.

우리 귀는 세 가지 영역이 있습니다. 제일 바깥 부분이 외이, 가운데가 중이, 가장 안쪽이 내이입니다. 이 중에서 중이가 바로 소리의 고주파와 저주파를 담당합니다. 중이가 쪼그라들거나 수축하면서 고주파를 듣게 되는 것입니다. 이러한 시스템으로 보면, 주변에서 고주파에 해당하는 생활 소음이 지속적으로 많이 생성되는 경우에는 중이 영역이 늘 수축되어 있으면서 힘을 잃어버리게 됩니다.

흔히, '귀를 기울인다.'라는 말이 여기에 해당합니다. 중이를 계속 수축해야 하다 보니까 힘이 빠지고 고장이 나면서 나중에 수축하려고 해도 잘 안되는 현상이 일어납니다. 그러다 보면, 듣고 싶은 소리가 안 들리게 되면서 스트레스를 받게 됩니다. 귀의 근육을 잘 조절하지 못하면서 귀뿐만 아니라 온몸에 긴장이 퍼지고 이제는 작은 소리나 큰 소리에 모두 예민하게 반응하는 것입니다.

 평상시에 온몸이 긴장하면, 아주 작은 소리에도 크게 놀라게 되는 것을 경험하셨을 것입니다. 작은 새소리가 공룡 소리처럼 들리고, 고양이 소리도 사자의 포효처럼 다가오는 것입니다. 하지만 들어야 할 소리와 듣지 않아야 할 소리를 구분하는 것만큼 중요한 것이 바로 몸이 전하는 신호를 듣는 능력입니다.

소리에 예민하다는 것은 내 마음이 안정적이지 않고, 심리적으로 불편한 부분이 있다는 것을 알려 주는 신호인 것입니다.

## 05  마음에 걸리는 것은 다 이유가 있다

"삶에 목표가 없어요."

심리학 용어 중에 '**방어적 비관주의(defensive pessimism)**'라는 용어가 있습니다.

이 말은 충격을 최소화하기 위해서 현실적인 목표 자체를 낮게 설정하려는 심리를 말합니다. 어차피 좋지 않은 결과일 거라고 단정하면서 지나친 기대를 절대로 하지 않는 습관에서 오는 일종의 '방어'입니다.

하루는 탄생을 이야기하고, 하루는 죽음을 이야기하는 게 인생이지만, 극과 극을 자주 이야기한다는 것은 내 마음도 극단에 서 있다는 것을 역설하는 것입니다.

 큰 목표도 없고 큰 기대가 없다는 마음, 저 밑바닥에는 감당하지 못할 정도로 엄청난 기대와 목표를 가지고 있을 수도 있습니다. 하지만, 이전에 그것들을 꺼내려 할 때 누군가에 의해 처참히 가로막히고 된통 혼났던 경험이 있거나, 혹은 머리에 올려 두기에는 너무 고단할 정도로 힘겨워서 가슴 저 밑바닥에 밀어 넣었을 가능성도 있습니다.

 **뭔가 자꾸 마음에 걸리는 것은 다 이유가 있는 것입니다.**

 불길한 사람은 발걸음부터 불길하기 마련이고, 예민하고 민감한 사람에게는 작은 접근조차 불편하게 만들 수 있습니다. 목표와 기대도 이와 유사합니다.

 방어적 비관주의의 특성에는 두 가지 하위 요소가

있습니다. 바로 '**방어적 기대(defensive expectation)**' 와 '**숙고(reflectivity)**'입니다.

'방어적 기대'는 '낮은 기대'를 말합니다. 이런 사람은 가장 최악의 결과를 미리 머릿속에 그림을 그리는 습관이 있습니다. 이런 습관 때문에 어떠한 결과에 대해서도 상처와 실망을 최소화할 수 있는 장점을 크게 부각하게 됩니다. 또한 '숙고'는 처음과 과정 그리고 끝에 대해 긍정이든 부정이든 상관없이 가능한 한 모든 것을 고려해 보는 것을 말합니다.

방어적 비관주의의 최대 장점은 불안감을 최소화할 수 있다는 것입니다. 반대로 말하면, 기대감은 절대로 가지지 못한다는 말과 같습니다. 극단적 기대주의도 좋지 않지만, 방어적 비관주의도 살아 꿈틀거리는 두근거림을 경험하지 못하는 문제를 안고 있습니다.

<u>스스로 어둠 속으로 들어가 더듬더듬할 이유가 전혀</u>

없습니다. 숨을 몰아쉴 때마다 슬픔이 차오르지는 않겠지만, 삶의 풍경 앞에서 가슴이 찡해 오는 감정을 느끼기에는 메마른 심장이 되어 버렸을 가능성이 있습니다.

삶에서 걸음걸음마다 심장을 뛰게 하는 빛을 만나는 일은 중요합니다.

## 06 의미 있는 대인관계

"사람을 많이 만나야 하는 직업이라서
늘 피곤합니다."

뿌린 것이 없으면 거둘 것도 없듯 대인관계는 필요합니다. 하지만 너무 많은 대인관계를 하면, 삶을 너무 과식해서 배탈이 나기도 합니다. 그래서 균형이 중요합니다.

세상에는 말로써 설명할 수 없는 것들이 있고 말할 필요가 없는 것들이 있습니다.

대인관계도 설명하는 것이 아니라 표현으로 대화하

는 것입니다. 대인관계에서 잘못 표현되면 나쁜 관계가 되듯이, 피상적인 관계를 유지하게 되면 감정과 생각을 파괴하는 흉기가 되어 버립니다.

**행복을 아는 마음이란, 혼자가 아니라 함께하는 것입니다.**

좋은 대인관계는 삶의 거대함을 알게 해 주는 의미에서 누구에게나 행복의 조건이 될 수 있습니다. 누가 뭐래도 사람은 마음의 권력 위에 있고, 대인관계의 힘은 마음을 살리는 가장 강한 권력인 것입니다.

마음이란, 혼자서 닦는 것이 아니라 타인에게 쓰는 것입니다. 마음은 물과 같아서 고이면 썩고, 흐르면 맑아집니다. 혼자는 외로움을 만들고, 피상적인 대인관계는 군중 속에서 고독을 마시게 합니다. 그래서 균형이 중요합니다. 사라지는 모든 것들은 뒤에 여백을 남기기 때문에 잊지 못해서 그리움이 생기지 않도록 의미 있는 대인관계가 중요합니다.

2009년, 스웨덴 고텐부르크 대학교 심리학과 '안 아른텐'은 〈피상적인 대인관계는 나쁜 관계보다 더 악영향을 미친다.〉라는 논문을 발표했습니다. 이 연구는 참가자 900여 명의 인간관계를 확인했습니다.

연구 결과, 피상적인 관계는 우울증이나 불안과 같은 심리적 스트레스 반응을 가지는 것으로 나타났습니다. 건강한 대인관계가 아닌 피상적인 관계는 상태 개선을 위해 '뭐라도 해야 한다.'라는 스트레스가 늘어나기 때문에 피곤함이 형성됩니다.

눈에 잘 띄지 않을 만큼 작은 스트레스라 하더라도 그때그때 바로 처리하지 않으면, 감정이 폭발하는 시점에 이르러서 몸과 마음이 감당하기 어려워지는 특성을 가지고 있습니다. 이처럼 폭발점에 도달하기 전에 일상생활을 유지할 수 있도록 감정 소모를 최소화할 수 있어야 합니다.

**똑같은 행동이 반복되는 것은 억압과도 같은 것입니다.**

망치질하는 사람처럼 쉬지 않고 일하면, 사는 것은 더 나아지지 않고 생각은 닳아 없어질 수도 있습니다. 대인관계가 그렇습니다. 무의미한 만남이 많을수록 뼈아픈 현실을 감당할 수밖에 없습니다. 모든 만남에는 시간이 깃들듯 마음이 느껴지는 대인관계를 해야 합니다.

대인관계 없는 세상이란 앞이 보이지 않는 삶과 같은 것입니다. 혼자만의 시간은 분명 필요하지만, 대인관계는 삶의 출구가 됩니다.

마음이 살아야 삶도 살릴 수 있습니다.
또, 잘 산다는 것은 마음을 살린다는 뜻입니다.

## 07 문자로 주고받는 대화

"저는 문자로 대화를 주고받다가
싸우는 경우가 많은데요."

가벼운 대화가 아니라면 직접 만나서 대화하는 것이 가장 좋습니다.

삶이란 땀과 눈물이 만든 간간하고 찝찔한 그 무엇입니다. 아무리 기계가 발달하더라도, 만나서 눈을 보고 대화하는 것은 그 무엇보다 정확하고 깊게 알고 싶기 때문입니다. 그러면서 상대방의 눈빛과 손짓에 맞는 감정을 마음속에 들여놓는 것입니다. 대화 한 번이 마음을 살리고 심장을 뛰게 하고 삶을 살리기도 합니다.

특히 가족과 같은 중요한 사람과의 소통에서는 심리적 거리가 가까워서 스트레스를 많이 받기 때문에 미안하다, 고맙다, 사랑한다는 말을 자주 표현해 줘야 상대방의 속이 상하지 않은 채로 대화의 내용을 오해 없이 전달할 수 있습니다.

그냥 봄이 왔으니 '봄인가 보다.' 말하기보다는 마음이 먼저 봄을 맞아야 '봄이 올 것 같다.'라는 생각이 움직여서 상대의 말에 반응이 되는 것입니다.

봄이 되면 농부들이 겨울 동안 언 땅을 쟁기로 갈아 씨를 뿌리면서 씨앗을 키워 줄 땅에 허리를 굽히듯이, 감정도 없고 표정도 없는 문자 메시지로 상대에게 마음을 전달하는 일은 씨를 뿌려야 할 땅을 얼려 버리는 것과 같습니다.

**마음의 땅도, 무언가를 존중하는 마음으로 언 것도 녹게 하고, 대화의 꽃을 피우는 것입니다.**

2014년, 미국 캘리포니아 대학교 심리학과 '패트리샤 그린필드(Patricia Greenfield)' 교수는 〈SNS나 문자 메시지보다 직접 대면하는 대화가 감정에 긍정적인 영향을 미친다.〉라는 논문을 미국 《성격 및 사회심리학회》에 발표했습니다.

이 논문에서는 64명의 실험 참가자들에게 두 가지 연구를 실시했습니다. 그중 하나는 대중적인 연설과 수학 문제를 풀게 해서 스트레스를 가지도록 했습니다. 그런 후에, 세 가지 다른 종류의 방법으로 감정을 파악했습니다. 첫 번째는 가까운 친구에게 문자 메시지를 받거나, 두 번째는 직접 만나거나, 세 번째는 아무런 소통도 하지 않게 했습니다.

이러한 실험 결과, 직접 만나서 대화를 나누고 격려를 받은 참가자들은 단순히 문자로 메시지를 받을 때보다 몇 배로 더 스트레스에서 쉽게 벗어날 수 있고, 또 긍정적인 감정으로 회복되는 것으로 밝혀졌습니다.

잘못된 가족의 대화 방식을 갈아엎기 위해서는 우선 헛말, 헛일, 헛걸음을 줄여야 합니다. 그중에서도 감정 없이 나누는 카톡이나 메시지로 전달하지 않는 노력이 필요합니다. 따뜻한 봄도 추운 겨울을 통해서 오고, 빛도 어둠을 통해서 온다는 사실을 기억하면서 자신의 '가족 대화법'이 어떠한지 관찰하고 들여다볼 필요가 있습니다.

지금, 혹시 가족 모두가 견디기 어두운 대화를 하고 있다면, 분명 밝은 소통으로 변화할 수 있다는 희망을 가져야 합니다.

직접 눈을 보는 것만으로도, 삶에 배어 있는 소금기를 씻을 수 있습니다.

## 08 과도한 걱정

"일이 잘 풀릴 때 더 불안합니다.
제가 이상한 건가요?"

원래 폭풍이 오기 전에 바다는 고요합니다. 바다가 지나치게 평온하면 위험하다고 느끼는 어부처럼, 지금 일이 잘 풀리는 상황이 언제 깨질지 모르기 때문에 불안하고 힘들어하는 것입니다.

역설적이게도 일이 잘 풀리고, 성취하고, 성공해서 행복감을 느낄 때, 생각은 어느덧 아득한 과거로 돌아가서 우울하고 실패했던 기분을 만들어 냅니다.

망설이고, 주저하고, 흔들리다가 걱정하는 내가 만든 악순환의 프레임에 나 자신을 가두지 않아야 합니다. 불안함이 걱정의 구름으로 전신을 휘감고 있는 경험에 익숙해지면 빠져나오기가 어려워집니다.

긍정이 낯설고 부정이 익숙해지는 불균형이 생깁니다. 뿌리 깊은 부정과 반복해서 하는 걱정은 절망의 쓰레기 더미에 파묻혀 허우적거리게 만드는 원인이 됩니다.

2012년, 미국 보스턴의 '브리검 여성병원' 연구팀은 〈높은 공포스러운 걱정은 여성의 낮은 백혈구 텔로미어 길이와 관련이 있다(High Phobic Anxiety Is Related to Lower Leukocyte Telomere Length in Women).〉라는 논문을 발표했습니다.

이 논문에는 42세부터 69세까지 5,243명의 여성을 대상으로 불안과 노화를 방지해 주는 텔로미어 길이의 관계를 연구했습니다.

연구 결과, 과도한 걱정을 하는 여성일수록 노화가 6년이나 더 빨리 진행된다는 것을 알아냈습니다.

염색체 끝부분에 달려 있는 텔로미어는 유전물질을 보호하는 역할을 합니다. 이 텔로미어가 짧아지면, 암도 생기고 심장 질환이나 치매 등을 유발합니다. 이처럼 불안과 걱정이 무서운 것입니다.

걱정이 많다 보면, 희망의 그림자조차 구경하기 어려워집니다.

끈끈한 걱정은 아무것도 '계산'하지 못하게 만듭니다. 그저 맹목적으로 불안해지고 우울을 껴안고 찬 바닥에 웅크리고 앉아 울게 되는 것입니다. 밤새도록 아픈 줄 모르고 긴 걱정의 손톱으로 심장을 긁어 대면, 슬픔에 베인 생각들이 절망의 숲에서 나뒹굴게 되는 것입니다.

비워 냈다 싶으면 다시 채워지는 것들이 있습니다. 바로 걱정입니다. 밀려드는 걱정에 쓸려 가다 보면 어느새 불행의 눈과 입, 그리고 손과 발이 맞닿아 있다는 것을 알게 됩니다.

이럴 때일수록, 정확하고 냉정하게 무엇보다도 선명하게 내가 나를 보아야 합니다. 결국 나에게 다가오는 모든 상황을 어떻게 해석하느냐는 나에게 달린 문제입니다.

자꾸 남의 시선에 주의를 기울이지 않아야 합니다. 남에게 초점을 맞추다 보면, 불편해지고 힘들어지는 것은 당연한 일입니다. 그러다 마음속의 삭제 버튼이 나 자신을 지우기도 합니다.

지금 소유하고 있는 성취나 행복을 유지할 능력이 없다는, 뿌리 깊게 박혀 있는 부정적인 생각을 도려내야 합니다.

힘들고 아프고 슬퍼도 초조해하지 말고, 한 걸음씩 나아갈 수 있도록, 스스로 나 자신 옆에서 곁을 지켜야 합니다.

행복이냐 불행이냐, 희망이냐 걱정이냐.
그것을 해석하는 것은 '나 자신'입니다.

## 09 가족으로부터의 독립

"가족인데 남보다 더 힘드네요.
가족을 떠나야 할까요?"

　가족과 나의 틈 사이에 마음을 욱여넣으면서 아파하는 분들이 정말 많습니다.

　가족의 칼과 나의 화살을 번갈아 응시하면서 사랑의 관성을 잃어버리고, 뼛속 깊이 새겨진 '가족'이라는 속성 때문에, 우울이 가득한 집 앞마당에 앉아 바둑 복기하듯 상처만 더듬으며 자꾸 벽에 부딪힙니다.

　같은 시간을 공유하면서, 나뭇가지는 나무의 심장 박

동과 하나가 됩니다. 온몸이 하얗게 될 때까지 나무에 붙어서 자신이 말라 버리는 줄 모르는 것처럼, 가족과 함께 시간을 어루만지면서 온몸으로 고통을 받아들입니다.

깊이 가라앉았던 검은 기억을 길어 올리게 만드는 가족이라면 떠나는 것이 맞습니다. 어둠을 덮고 누워 있을 필요가 없습니다.

심리학에는 '**크랩 멘탈리티(crab mentality)**'라는 말이 있습니다.

크랩은 '게'라는 뜻이고, 멘탈리티는 '정신'이라는 의미입니다. '게의 정신'이 도대체 뭘까요? 바다의 어부들이 게를 다 잡고 나면, 뚜껑이 없는 큰 양동이에 집어넣습니다.

'게들이 도망가면 어쩌지?'라고 걱정하지만, 놀랍게

도 게들은 서로를 아래에서 잡아당기며 도망갈 수 없게 만듭니다. 이런 상황은 공생하느니 공멸하는 것이 낫다는 심리와 일치합니다.

보통 가슴 아픈 사건·사고로 자녀와 동반자살 하는 가장의 이야기가 종종 세상에 알려지곤 합니다. 왜 그러는 걸까요? 바로 크랩 멘탈리티 모습이 드러나는 것입니다. 나약해진 정신은 어둠이 내리면 불빛을 속이며 먹이를 찾아 나섭니다.

행복도 희망도 파종하지 않는 무의미한 가족의 관계 속에서 탈출해야 합니다.

저만치 걸어오는 순간부터 피부를 가를 듯 달려드는 살기, 금방이라도 분노의 칼을 뽑아 들 것 같은 인상, 사고를 치지 않으면 화염이라도 뿜을 것 같은 눈빛, 이런 살기와 인상 그리고 눈빛을 서로 주고받으며 외딴 섬에서 먹먹함을 삼키게 됩니다.

힘들게 하는 가족을 떠나야 할까요?

좀 더 일찍 스스로의 길을 떠났어야 했습니다. 가족으로부터 내가 떠나는 것인데도, 홀로 남겨지거나 버림받은 듯한 느낌을 가지는 불안을 바로 '**유기 불안(fear of abandonment)**' 혹은 '**유기 공포**'라고 합니다.

비극이 머리와 가슴에 기록되지 않도록, 다시는 그런 일이 일어나지 않도록 독립해야 합니다.

'가족으로부터의 독립'과 같은 말들이 떠오르고 나서야 뭔지 모를 묵지근한 무게의 근원을 조금은 가늠할 수 있게 됩니다. 가족과 이어진 탯줄 같은 마음을 끊어내려고 시도했지만, 번번이 실패하는 이유는 바로 이러한 '유기 불안' 때문입니다.

스스로 고통의 집을 짓지 말아야 합니다. 나무가 시간의 껍질을 벗듯, 가족으로부터 떠나 고통의 옷을 벗어야 희망의 새도 오랜만에 날아와 인사할 것입니다.

## 10  행복하게 산다는 것

"상처가 회복될 수 있을까요?"

 잠시 본인의 숨결에 집중하고, 상처가 종기처럼 곪아서 터지는 것을 막고 있으라고 이야기하고 싶습니다.

 솔직히 상대가 남긴 지문은 생명이 다하는 날까지 붉은 문신으로 심장에 박혀 있어서, 누구도 볼 수 없고 누구도 훔칠 수가 없습니다.

 자주 내 의지와는 상관없이, 그 비밀이 있는 공간으로 순식간에 달려가서, 마음대로 되지 않는 나를 억지로 지치게 하고, 나를 함부로 대하지 않기를 바랍니다.

'내 잘못이 아니야!'라고 혼자서 독백을 해서라도 자신을 토닥여 줘야 합니다. 중요한 것은 내가 나의 행복에 집중하는 것입니다.

선택할 때에는 '얼음(ice)'처럼 냉정해지라고 '선택(choice)'이라는 단어 안에 'ice'를 심어 두었습니다. 그래서 용서해야 할 수백 가지 이유보다도 용서하지 말아야 할 하나의 선명한 이유가 있으면, 내려놓지 말고 나 자신이 설득될 때까지 마음을 확인해야 합니다.

상처를 외면하지 말고, 집중해서 구체적으로 관찰하고 기록하고 확인해야 합니다. 그렇지 않으면 나를 버리고 상처를 준 이가 되는 것이고, 상처 준 사람이 삶의 시계가 되어 버립니다.

상처를 오랫동안 묵혀 두면 얼룩처럼 번져 온몸에 스며들게 됩니다. 그래서 지독히 아프게 물든 상처가 되어 버립니다.

베어 버린 칼날 같은 시간 앞에 서면, 순간 기억의 창고로 숨어 버립니다. 한 번은 내가 술래가 되고 또 한 번은 상처가 술래가 되어서, 제정신으로 돌아올 때까지 술래잡기하는 시간이 늘어나게 됩니다. 이러다 보면 고통의 연속이고, 미련의 연속이고, 외로움의 연속입니다. 타는 듯한 떨림으로 행복의 주파수를 잃어버리는 경우도 생깁니다.

2018년, 미국 미시간 주립 대학교 심리학과 '리처드 루카스(Richard Lucas)' 교수팀과 '독일 국제 막스 플랑크' 연구기관이 공동으로 〈부정적인 감정을 잘 느끼는 사람일수록 자질구레한 잡일에 많은 시간을 사용한다(Only so Many Hours: Correlations between Personality and Daily Time Use in a Representative German Panel).〉라는 논문을 발표했습니다.

이 연구에서는 독일인 51세 1,300명을 대상으로 **Big 5 성격 검사**를 분석해 결과를 도출했습니다. 이 5

가지 성격에는 개방성, 성실성, 외향성, 친화성, 신경성이 있습니다.

총 3년을 기록한 일기를 분석한 결과, 흥미로운 점은, 성격 유형과 상관없이 정서적인 안정감이 떨어지고 부정적인 감정을 쉽게 느끼는 사람일수록 잡다한 일에 오랜 시간을 투자하는 특징을 보였습니다. 마음 상태가 무질서하고 어수선할 때는, 질서정연한 상황을 맞이해야 하는 일보다는 오히려 집중하지 않아도 되는 잡일에 빠져서 시간을 할애했습니다. 마음 상태가 무질서하다는 것은 쉽게 스트레스를 받는다는 증거입니다.

스트레스를 생각하는 자체가 몸에 염증을 발생시키게 되고, 이 염증 때문에 심장병, 위궤양, 고혈압 등 신체적 질환이 생기게 됩니다. 이런 신체적 질환은 다시 불면증, 신경증, 우울증과 같은 심리적 부정으로 이어지게 되는 것입니다.

2013년, 미국 오하이오 대학교 연구팀은 〈스트레스 사건을 생각하는 것만으로도 신체 염증을 일으킨다(Dwelling on stressful events can increase inflammation in the body).〉라는 논문을 발표했습니다.

이 논문에서는 스트레스 받았던 사건을 생각하는 것만으로도 염증 수치를 20% 더 높이는 것으로 나타났습니다.

과거의 상처는 지워지는 것이 아닙니다. 그저 현실의 마음과 내가 소통하면서 오른쪽 발자국과 왼쪽 발자국에 힘을 주고 묵묵히 오늘을 걸어가야 합니다.

**행복하게 산다는 것은,
지금 이 순간에 집중하는 것입니다.**

## 11  역경은 의지의 씨앗

"매번 사람한테 배신당하고 하는 일마다 실패하니,
제가 아무것에도 쓸모없는 쓰레기 같아요."

눈물과 땀은 둘 다 짠맛이 나지만, 결과는 다릅니다.

눈물은 동정을 얻지만, 땀은 변화를 가져옵니다. 벌레처럼 파고든 상처 한 조각이 휘어진 새벽빛처럼 시큰시큰 전신을 저리게 만들기도 하지만, 축축한 상처를 따뜻한 희망의 햇살에 말려 다시 마음 줄에 널어 두면 언제든 꺼내 입을 만한 경험이 되어 줍니다.

과거의 상처를 회복해 본 경험자의 스토리에는 희망

의 눈물과 가슴을 울리는 땀방울이 모두 존재합니다. 그래서 더더욱 가치가 있습니다. 터질 듯 아파서 뱉어 놓은 단어들을 하나둘 주워 담아서 다시 퍼즐 맞추듯 정리해야 합니다.

과거의 가슴과 오늘의 등이 밀착되어서 호흡하는 순간들 속에, 들숨과 날숨에 의지가 가득해야 합니다. 촘촘한 거미줄 같은 세상에서 날개가 걸리지 않도록, 크고 당당하게 날갯짓해야 합니다.

혹시라도 힘든 일이 또 생겨서 생각이 다시 사막이 될 때, 마음에 가득한 다짐의 숨을 들이마시고, 가슴에 온기를 유지하며, 미소 짓기 바랍니다.

2016년, 미국 노스이스턴 대학교 연구팀이 〈역경이 많았던 사람이 타인에 대한 동정심이 더 강해진다.〉라는 논문을 《감정학회(Journal Emotion)》에 발표했습니다.

이 실험에서는 224명의 참가자에게 설문 조사를 실시했습니다. 이들의 연령은 22세에서 74세로 다양했습니다. 여성과 남성은 6 대 4 비율이었습니다.

이 실험 참가자들에게 인생에서 부상당하고, 사별하고, 대인관계가 깨지는 등 여러 가지 역경을 이겨 냈던 경험, 그리고 타인에게 동정심 또는 연민을 느끼는 것에 대해서 설문을 실시했습니다.

설문 조사 결과, 삶에서 많은 역경을 겪으면 겪을수록 놀랍게도 타인에 대한 동정심은 커졌고, 심지어 이들은 타인을 돕는 자선단체에 기부하고자 하는 의지 또한 높게 나타났습니다.

이 설문 조사 이후, 참가자들에게 역경과 연민을 느끼는 감정의 관계와 직접 기부를 하게 되는 행동의 힘에 대해 실험을 했습니다. 51명의 참가자에게 연구의 의도를 숨긴 상태에서 감성인지 검사를 진행한다고 거짓말하고 진행했습니다.

 이들 참가자에게 실험을 위해 고용되어 힘들게 일하는 배우들의 모습을 지켜보게 했습니다. 또 이 배우들이 몸이 아픈데 병원에 가야 하지만 가지도 못하고 이렇게 와서 일하고 있다고 거짓말을 했습니다. 그러고는 참가자들에게 혹시 자유롭게 이들과 함께 일을 도와줄 의향이 있는지 물어보았습니다.

 이 결과, 삶에서 많은 역경을 경험해 본 참가자일수록 적극적으로 가서 도와주는 행동을 보였습니다. 단순히 연민을 느끼는 것이 아니라 실제로 몸을 일으켜 행동하는 실천력을 보였다는 것이 놀라운 결과였습니다.

 이렇게 인간에게는 역경이라는 것이 나쁘고 힘들고 눈물겹게만 느껴질 수 있지만, 긴 인생의 과정에서 보면 사람과 사람의 공감대를 만들어 주고 보다 따뜻한 사회가 되도록 만드는 중요한 요소가 되기도 합니다.

좋은 인연과 만족스러운 결과도 만들어지는 것이 아니라 만들어 가는 것입니다. 앞으로 익숙해져 버린 슬픔에 적응하지 않도록 해야 합니다.

스스로가 의지의 씨앗을 자신에게 심은 것처럼, 이제는 자괴감 앞에서 무릎 꿇지 않으려는 꿋꿋한 의지가 필요합니다.

# 3장

## 가을,

달리다 보면 고장 난 자동차처럼
멈출 수가 없습니다.
어디를 향해 가는지
여기가 어디쯤인지
길을 잃었다면
일단 멈추고 알아채야 합니다.

## 01 가족의 풍경

"명절이라 오랜만에 고향에 내려왔는데…
그냥 모든 게 짜증 납니다."

바람도 흐르고 시간도 흘러갑니다.

영화에서 보는 것 같은 비현실적인 풍경으로 들어가는 경우가 있습니다. 과거와 최대한 떨어져 현실을 살다가 갑자기 과거와 만나야 하는 추석이나 설 명절, 또, 5월 같은 가족의 날들입니다.

과거는 밥에도, 반찬에도, 이곳저곳에 분분히 떨어져 있습니다. 된 심장을 가진 사람도 '예전에는 이랬는

데…, 어렸을 때는 저랬는데….'로 가족과 과거를 공유하다 보면, 노글노글 풀어져서 알 수 없는 비현실적 풍경 속으로 들어가 버립니다. 그 풍경은 누구도 흉내 낼 수 없는 시간입니다.

가족의 풍경은 각박해진 마음을 부드럽게 어루만지기도 하지만, 거친 평가와 높은 기대로 인해 가슴에 담은 풍경을 잃어버릴까 봐 두렵기도 합니다. 타인들과 달리 가족들은 나 자신의 인생 자체가 조난 속에 있는 건 아닌지, 늘 길을 잃고 헤매는 건 아닌지, 의심스럽게 여기기도 합니다.

2021년, 영국 엑서터 대학교의 '마누엘라 바레토' 교수팀은 〈명절에 개인주의가 강한 나라에서는 여성보다 남성이, 나이가 든 사람보다 젊은 사람이 더 쓸쓸할 수 있다.〉라는 논문을 발표했습니다. 전 세계 16세에서 99세 사이의 4만 6천 명을 대상으로 진행한 대규모 연구 결과입니다.

자신의 대인관계가 기대에 못 미친다는 느낌을 받을 때 외로움이라는 감정이 크게 일어났습니다. 이러한 분석은 명절에 가족들뿐만 아니라, 자기 자신을 독립심이나 자립심이 부족한 것처럼 박하게 평가한다는 의미로 해석할 수 있습니다.

어쩌면 명절 때 고향 집에 머무는 시간도 여행의 한 과정에 불과할지 모릅니다.

좋은 기억이 하나 없는 명절이라도 지금 당장 몸을 일으켜 일어났으면 좋겠습니다. 밖으로 나가 자신에게 집중하다 보면 꼬이던 몸과 마음도 제자리로 돌아오고, 머리는 꽃을 본 듯 환해질 것입니다. 가족의 눈높이가 아니라 나 자신의 눈높이를 잃지 않아야 합니다.

무거운 생각을 내려놓고 나 자신과 눈높이를 맞출 때 가장 큰 자존감의 그림이 그려진다는 것을 확신하고, 언제나 어디서든 가장 낮은 곳에서부터 시작한다는 사실만 기억하면 됩니다. 언제라도 짚고 일어서면 될 만큼의 자존감만 가지면 충분합니다.

명절이라 생각하지 말고, 멀지 않은 곳을 후딱 다녀오는 외출 수준으로 여기면 좋겠습니다. 고향 집 주변 이곳저곳 쏘다니면서 가슴의 덩어리들을 잘게 부숴 내려놓고 돌아오면 더 좋겠습니다.

바람도 흐르고 시간도 흘러갑니다.
가족의 풍경은 각박해진 마음을 부드럽게 어루만져 주면 좋겠습니다.

## 02 대화를 하지 않는 가족

"잦은 갈등으로 힘들어요."

우울의 나라에서 온 방문자처럼 슬픔이 그 가정의 안팎을 맴돕니다. 잘 드는 조각칼로 새긴 듯, 가족 모두에게 많은 아픔들이 각인되어 있는 듯 느껴집니다. 전신을 훑는 냉기에 으스스 소름이 돋기도 합니다.

새삼 강조할 필요도 없지만 휴대폰이라는 괴물이 등장하면서 가족이 한자리에 앉아 일제히 휴대전화에 머리를 박고 있는 것도 낯설지 않은 풍경이 되었습니다. '대화를 하지 않는 가족', '가족 소통의 사망'과 같은 말들도 이젠 진부한 말이 됐습니다.

편지도 사라진 지 오래고, 한때 전성기를 구가하던 '밥상머리 교육'도 찾아 보기 쉽지 않습니다. 누구는 '소통'을 하는 방식만 바뀌었을 뿐이라고 주장하지만, 근본이 다르다는 것쯤이야 새삼 설명할 필요도 없을 것입니다.

대화를 하지 않는 가족은 자주 절망합니다. 가족이 대화하며 미소 하나 입꼬리에 걸어 두는 시간을 가져야 합니다.

2014년, 미국 조지아 리젠츠 대학교 심리학과 '데보라 사우스 리차드슨' 교수팀은 〈우리에게 가장 상처를 주는 상대는 낯선 사람들이 아니라 가족이다.〉라는 논문을 《심리과학회》에 발표했습니다.

연구 결과, 부모나 형제자매처럼 심리적 거리가 가장 가까운 사이는 강한 유대관계에 있기 때문에 언어나 신체적 공격을 해도 관계가 깨지지 않을 것이라는 믿음이 있는 것으로 나타났습니다.

심리학에서는 공격성의 종류를 두 가지로 나눕니다. 하나는 '**직접적인 공격성**'이고, 다른 하나는 '**비직접적인 공격성**'입니다. 직접적인 공격성은 상대에게 소리치고, 때리기와 같은 직접적인 상처를 입히는 말과 행동을 의미합니다. 여성보다 남성에게 많이 나타나고 성적인 공격도 포함됩니다.

반대로 비직접적인 공격성은 다시 두 가지로 나누어집니다. 하나는 '**간접적인 공격성**'이고, 다른 하나는 '**소극적인 공격성**'입니다.

간접적인 공격성은 상대방이 아끼는 물건을 파괴하거나 소문을 퍼뜨려서 우회적으로 상처를 주는 방식을 말합니다. 소극적인 공격성은 상대방의 전화를 무시하거나 생일이나 기념일에 참여하지 않는 행동처럼 아무것도 하지 않으면서 상대에게 상처를 주는 방식입니다.

물론, 공격성과 자기주장은 다릅니다. 자기주장은 자신의 생각이나 느낌을 상대에게 상처 줄 목적이 없이 적극적으로 표현하는 것을 말합니다. 반대로, 공격성은 의도적으로 상대에게 해를 가하는 표현입니다. 그래서 건강한 공격성이라는 말은 존재하지 못합니다.

가장 오래 남아 있는 것은 역시 마음에 묻힌 먼지입니다. 집에 들어가기 전, 잠시 걸음을 멈추고 밖에서 타인과의 관계에서 묻히고 온 마음 먼지를 털어 내야 합니다. 그렇지 못한 경우, 가족은 서로의 마음 벽에 각자의 슬픔을 새기게 될 것입니다.

결 고운 대화가 밧줄이 되어서 서로를 바라보는 가족들을 꽁꽁 묶어 두면 좋겠습니다.

## 03  잔소리보다 관계 회복이 먼저

"하루 종일 스마트폰을 사용하는 아이를 어찌해야 하나요."

아이가 '**방어 편향(defensive bias)**'을 느끼지 않도록 해야 합니다.

몸이 눈치채고, 눈이 눈치를 챕니다. 아이들은 어려서부터 이상하게도 엄마 아빠의 작은 말에서도 슬픔과 기쁨과 강압과 걱정을 경작해 낼 수 있는 능력을 가지고 있습니다. '방어 편향'이라는 말은 위협적인 정보로 인식이 될 때 그 정보에 대한 영향을 최소치로 여기려는 자연스러운 반응을 뜻합니다.

예를 들면, 스마트폰이 아이들에게 불필요하고 정신 건강에 좋지 않다는 것은 다들 알고 있습니다. 하지만, 부모가 자녀들에게 강압적이고 위협적으로 스마트폰을 사용하지 말라고 하면, 아이들은 주변에 모든 친구들이 스마트폰을 사용해도 문제가 없고, 밤새 스마트폰을 사용하는 친구도 아무런 문제가 없다는 식으로 말을 하게 됩니다. 이렇게 객관성이 전혀 없는 주관적인 정보에 집중하면서 비합리적인 내용을 과대평가하는 문제를 가지게 됩니다.

2021년, 룩셈부르크 대학교와 스위스 제네바 대학교의 연구진은 〈초등학교 학생과 학부모 그리고 교사를 대상으로 한 전자 미디어 사용과 아이들에게 미치는 영향〉이라는 논문을 국제과학학회지인 《PLOS ONE》에 발표했습니다.

이 논문에서는 실험 참가자들에게 6가지 유형의 설문을 진행했습니다. 주의력 문제, 수면의 양과 질, 성적, 동기부여, 신념, 정신 건강에 관한 것이었습니다. 이 연구에 참여한 학생들은 8세에서 12세까지 초등학생들이었습니다.

이 연구에서 가장 놀라운 결과는 바로 '2가지 이상의 미디어를 동시에 사용할 때 나타나는 정신적 문제'였습니다. 다시 말하면, 텔레비전을 보면서 스마트폰까지 하는 아이들은 동시에 2가지 미디어를 사용하는 것입니다. 이런 경우, 스트레스가 커져서 행동 문제와 정서 문제가 많이 발생하는 것으로 나타났습니다.

심리학에는 '**자기초점적 주의(self-focused attention)**'라는 말이 있습니다.

실제 세상이 아닌 온라인 세상에 너무 몰두해서 현실 세계에서 살아가면서 만나야 하는 친구와 대인관계를 하지 못하게 되는 문제를 말합니다. 문제는 남들과의 관계가 점점 빈약해지면서 상실하게 되거나, 또는,

현실에서 나답게 느끼며 살아가지 못하게 되어 행복에서 점점 더 멀어지게 되는 것입니다.

같은 말이라도 자녀에게 '잔소리'가 되지 않도록 하셔야 합니다.

아침에 일어나 어제를 훑어볼 때마다 가상이 아니라 현실을 살 수 있도록 도와주셔야 합니다. 그러기 위해서는 '그럴 수도 있다.'라는 인정이 필요합니다. '그만 좀 하라'고 지시나 명령을 아무리 퍼부어도 듣는 자녀에게 잔소리고 강압이라면 침묵을 주느니만 못합니다.

마법처럼 당장 스마트폰을 사용하지 않게 하는 방법은 없습니다. 근본적으로 관계 회복이 먼저입니다.

나의 말이 자녀에게 잘 전달될 수 있도록 작은 것부터 수정해 나가시길 바랍니다.

## 04  감정 전달하기

"배우자의 행동은 괜찮다 느껴지는데, 말이 너무 거칠어서 힘들어요."

괜찮으면서 힘들다.
남편의 '**이중구속 메시지**' 때문에 '**양가감정**'을 가지는 것입니다.

맹물 마시듯 의미 없는 행동 하나 때문에 혼란스러워지고, 그 혼란스러운 감정이 배우자가 아니라 나 자신을 향한다면, 하루를 더 살아 보려고 내딛는 걸음 앞에 신발 모양의 두툼한 고통과 혼란이 가로막을 것입니다.

사람은 자기만 아는 동굴에 숨어서 홀로 몸부림칠 때가 있습니다. 힘들고 불편한 곳인데 너무 익숙해서 그곳에 계속 머물게 되는 속성을 가집니다.

매일 가슴팍을 향해 정확히 수직으로 떨어지는 천둥을 맞고 고통스러움을 경험하다 보면, 어느 하루 내리지 않는 천둥을 그리워하는 것이 바로 착각의 몸부림이고 구속의 발버둥입니다.

심리학에는 '**이중구속 메시지(double bind message)**'라는 용어가 있습니다.

영국의 정신과 의사인 그레고리 베이슨(Gregory Basteson)이 처음 사용한 개념으로서, 서로 다른 상반된 메시지를 동시에 드러내는 것을 말합니다.

배우자의 말과 행동이 동시에 다른 메시지를 던지면 당황스럽고 황당하고 예민하게 됩니다. 본심이 무엇인지 확실하게 파악이 되지 않아서 이쪽과 저쪽, 어느 쪽에도 서지 못하는 어정쩡한 불안정함을 가지게 됩니다.

늙음이 시간과 주름의 비례로 측정되지 않는 것처럼, 부부관계에서 편안함도 함께 살아온 세월과 물질적 풍요로는 가늠하기 어렵습니다. 오히려 눈에 보이지 않지만, 서로 간에 주고받는 배려와 존중이 부부관계를 명확하게 정의 내리기 쉽습니다.

**'양가감정(ambivalence)'**이라는 용어도 있습니다.

이 용어는 1910년 스위스 정신과 의사인 블로일러(Bleuler)가 처음 사용한 개념입니다. 이 개념을 프로이트가 널리 알리면서 부부관계, 부모-자녀 관계, 나-타인과의 관계에서 자꾸 똑같은 문제가 반복되는 문제점을 설명하는 데 사용되는 심리적인 원인입니다.

사랑과 미움이 공존하고, 웃음과 울음이 하나의 얼굴

이고, 행복과 불행이 등을 맞대고 서 있는 모습을 말합니다.

지금까지 익숙했던 배우자의 이중구속 메시지를 끊어 내고, 내 감정 안에 자리 잡은 양가감정을 바로잡기 위해서는 변화와 수정이 필요합니다. 그냥 참고 지내면 구부정한 관계를 꼿꼿하게 펼 수 있는 기회를 잃어버리는 것입니다.

**반복되는 문제를 끊어 내기 위해 가장 먼저 해야 할 일은 '감정 전달하기'입니다.**

배우자의 말과 행동이 일치하지 않는다고 느끼는 그 순간, 나의 불편한 감정을 전달하는 것입니다. 배우자 스스로도 부모에게 받아서 온몸에 새기며 밴 습관이기 때문에 쉽게 바뀌지 않을 거라는 것은 알고 있을 것입니다.

부모가 아니라 눈앞에 있는 나와 죽음까지 함께 걸어가며 발자국을 찍어야 하기에 달라져야 한다는 것을 알려 줘야 합니다.

당신 안에 있는 언어를 누르고, 나를 존중해 줄 수 있는 말을 '가슴 선반'에 올리는 연습을 할 수 있도록 기회를 주면서 연습시켜야 합니다.

물이 물길을 따라가듯 당신의 물길은 '배우자인 나'라는 것을 알려 주어야 합니다.

## 05 의도적인 침묵

"실수를 인정하지 않는 배우자가
도저히 이해가 되지 않아요."

자기를 바라보는 힘이 없어서 그렇습니다.

남보다 잘하는 점이 있으면 지나치게 자기과시에 빠지고, 남보다 못한 부분이 있으면 절대로 인정하지 않는 미성숙한 행동을 통해 관계를 유지하려는 사람을 **'자기애성 성향'**이라고 합니다.

심리학에는 **'의도적인 침묵(silent treatment)'**이라는 용어가 있습니다.

직접 화를 내거나 대놓고 따지기라도 하면 속이 후련할 텐데, 말을 안 하고 피하면서 없는 사람 취급하는 '묵살'이나, '무시'하는 심리를 말합니다.

배우자로부터 의도적인 침묵에 속수무책으로 당하다 보면, 두 가지 심리적 증상이 따라오게 됩니다.

하나는 내가 할 수 있는 게 아무것도 없다는 심한 무기력감을 느끼는 것입니다. 다른 하나는 내가 뭘 잘못했는지를 계속 찾으면서 마치 죄인이 된 듯한 느낌이 드는 것입니다.

배우자의 감정을 풀어 주기 위해 시도 때도 없이 눈치를 살피면서 다양한 노력을 기울이기도 합니다. 다행히 노력의 대가로 마음이 풀려서 관계가 회복되면, 이런 상황이 되풀이되지 않으려고 눈치를 더 많이 보게 됩니다. 점점 배우자의 의도적인 침묵으로 지배를 받거나 행동에 있어서 얽매이게 되는 결과를 초래합니다.

2020년, 미국 오리건 주립 대학교의 '에드가 카우셀' 교수팀은 〈나르시시스트가 더 큰 사후 편향과 덜 인식된 학습을 나타내는 시기와 이유(When and Why Narcissists Exhibit Greater Hindsight Bias and Less Perceived Learning)〉라는 논문을 발표했습니다.

이 연구에서는 학생, 직장인, CEO 등 여러 직업군의 참가자들을 대상으로 실험을 진행했습니다. 자아도취에 빠진 사람들은 어떤 일이 잘 풀리면 예상 가능했던 일이라고 여겼고, 일이 좋지 않게 끝나면 예상치 못했던 일로 여기는 경우가 많았습니다.

심지어, 이들은 어떤 상황의 결과가 좋든 나쁘든 상관없이 성찰적 자기 분석을 하지 않았다는 것이 특이한 점이었습니다. 이들은 '내가 어떻게 해야 했을까?'라는 고민보다는 '누구도 이런 결과를 예상하지 못했을 것이다.'라고 여기는 것이었습니다. 즉, 자기 탓이 전혀 아니라는 생각만 하는 것입니다.

이러한 현상을 심리학에서는 '**사후 확신 편향**'이라고 합니다. 모든 상황의 결과가 끝난 뒤에 '그럴 줄 알았다.'라고 여기는 심리적 경향을 말하는 것입니다.

중요한 것은 문제가 발생할 때, 나 자신에게만 집중하면서 자책이나 우울감에 빠지지 말아야 합니다. 또한, 수직적 관계에서 벗어나 수평적인 관계를 형성하기 위해서 심리적인 거리를 두는 것이 중요합니다. 그의 행동과 감정에 너무 가까이 다가가지 않아야 합니다.

배우자의 감정에 집중하느라 나 자신의 감정을 무시하는 경우가 많습니다. 무엇보다 내 감정을 보살피는 것이 가장 우선이어야 합니다. 늘 상처받는 것은 나이기 때문입니다.

생채기투성이인 내 마음을 돌볼 수 있는 것은, 나 자신뿐입니다.

## 06 부모의 중독

"남편의 알코올 중독으로 이혼했습니다. 아이가 요즘 핸드폰을 많이 사용하는 데 영향이 있을까요?"

과학이 발전하기 전에는 정신이나 심리적 문제점을 프로이트가 제안한 '정신분석'의 입장에서만 바라보려는 반쪽짜리의 지혜만 존재했습니다.

이 말은 생리적이고 신체적인 근거는 무시한 채, 부모의 양육 태도로만 모든 것을 설명하려 했던 시기가 있었다는 것입니다.

예를 들면, 1943년에 소아과 의사인 '레오 캐너(Leo

Kanner)'는 사회적인 상호작용을 하지 못하는 아이들을 '**유아기 자폐증(infantile autism)**'이라고 불렀습니다. 이런 문제가 생기는 것을 딱딱하고 차갑고 아이에 대한 애착이 없는 엄마의 문제로만 생각했었습니다. 그 당시에는, 이런 식의 관점으로 '**냉장고 엄마(refrigerator mother)**'라는 이론이 전 세계에 퍼져서 엄마들의 마음을 더더욱 아프게 만들었습니다. 이런 문제처럼 중독도 심리적이고, 사회적인 문제로만 보면 안 됩니다.

**단호하게 말씀드립니다.**

남편의 중독은 아내의 탓이 아닙니다. 또 아이의 핸드폰 중독성도 엄마의 탓만이 아닙니다. 누구의 잘못도 아닙니다.

중독을 일으키는 '**도파민(dopamine)**'이라는 신경전달물질이 유전적으로 많이 분비되는 가족력이 존재합니다. 이런 가족력이 있을 때, 자극적인 영향을 줄 수 있는 대상을 회피할 수 있도록 노력해야 하는 것이 맞습니다. 아이도 아빠처럼 가족력이 있을 수 있기 때문에, 도파민이 자극을 받지 않도록 핸드폰을 조절해 주셔야 합니다.

장기간 핸드폰을 사용하면, 신체적으로 도파민이 자극을 받아서 과도하게 분비됩니다. 이렇게 과도한 분비가 지속되면 '**중독 증상(intoxication)**'이 옵니다.

익숙해진 이후에는 핸드폰 사용을 못 하게 하면 할수록, 불쾌한 표정과 말 그리고 행동을 보입니다. 이것을 '**금단 증상(withdrawal)**'이라고 합니다.

또, 이미 익숙해진 핸드폰 사용 시간에서 조금씩 늘리고 싶고, 점점 더 오래 사용하려고 할 것입니다. 이전까지 1시간 쓰다가 오늘 1시간을 쓰면 이전만큼 만족감이 오지 않는 것을 '**내성(tolerance)**'이라고 합니다.

이 내성 때문에 점점 더 오래 사용하는 문제가 생깁니다. 이처럼 중독은 생리적이고 신체적인 현상이 중요한 원인입니다.

'중독 증상'에서, '금단 증상'으로, 그리고 '내성'까지, 악순환에 빠지지 않도록 아이의 손이 책을 잡거나, 공을 잡거나, 붓을 잡거나, 피아노 건반을 만질 수 있도록 도와주셔야 합니다.

아이를 핸드폰 중독에서 벗어나게 하기 위해서는 엄마가 먼저 행복하고, 아이와 함께 시간을 보낼 수 있을 만큼 신체적으로나, 정신적으로 건강해야 합니다.

아이를 위해 먼저 일어서다 보면, 엄마의 마음이 먼저 환하게 밝아지는 것을 느끼실 것입니다.

## 07  애도는 여행과 같습니다

"친구 아들이 세상을 떠났는데요. 어려서부터 자주
봐 와서 그런지 많이 힘듭니다."

정작 아픔을 오래 실감해야 하는 건 살아 있는 사람들이라서 그렇습니다.

버튼만 누르면 얼굴까지 볼 수 있는 전화나 문자가 대세인 시대에 아무리 손과 발을 바둥거려 봐도 볼 수 없고 만날 수 없는 상황은 납득하기 어려운 비합리입니다. 갑자기 세상을 떠났다는 소식은 견디기 어려운 슬픔에 무게를 더합니다.

시간이 아무리 지나도 떠난 이와의 그림자놀이는 계속됩니다.

비가 되어 울어 보고, 바다라도 껴안고 파도가 되어 울어 보지만 빗물처럼 언제쯤 소리 없이 스며들까⋯ 알 길이 없습니다. 잔뜩 흐린 마음 하늘에서 굵은 눈물방울은 쉴 새 없이 쏟아지기만 합니다.

간절한 그리움을 묶어 편지로 보내면 무사히 도착할까 생각도 하고, 배고플 때마다 외로운 마음으로 떠난 이의 발걸음 소리가 들리는 것 같아 문밖으로 뛰쳐나가기도 합니다. 이유 없이 숱하게 뒤척이면서 잠들기도 어렵습니다. 이런 현상들이 바로 남겨진 자들의 애도 과정입니다.

심리학에는 '**상심증후군(broken heart syndrome)**'이라는 용어가 있습니다.

이별 후에 가슴이 찢어지는 듯한 느낌으로 가족이나 지인을 잃은 슬픔과 아픔에서 헤어 나오지 못하는 상태를 말합니다. 이런 상태가 이어지다가 심장에 문제가 생기는 질환인 '**타코츠보 증후군(Takotsubo syndrome)**'에 걸리기도 합니다. 이 병은 사랑하는 사람을 잃어버린 후 심각한 정신적 충격과 신체적인 스트레스로 생기는 병입니다.

2021년, 미국 하버드 의과대학교의 '아메드 타와콜' 교수팀은 〈심혈관 질환이 뇌 편도체에서 일어나는 스트레스와 관련이 있다.〉라는 논문을 《유럽심장학회》에 발표했습니다.

이 논문에서는 2005년부터 2019년까지 암 진단을 받은 환자 104명의 데이터를 분석했습니다.

연구 결과, 스트레스와 관련된 뇌 부위가 활발했던 환자들의 경우, 심혈관계에 악영향을 미친다는 증거를 보여 주었습니다.

 슬퍼하는 기간에는 충분히 애도해야 합니다. 하지만 시간이 지나고 상황을 인정하고 받아들이며, 남아 있는 나 자신과 주변 사람들을 바라봐야 할 때, 그 시간에는 더 이상 나를 함부로 대하면 안 됩니다.

 슬픔이 너무 강렬하고, 죽음이 받아들여지는 정도를 넘어서서 내가 대신 죽어야 한다는 등의 과도한 느낌이 든다면, 무조건 잘못된 방식의 애도의 강에 빠진 것입니다. 잘못된 애도의 강에서 나와 전문적인 치료를 받아야 합니다.

**애도는 여행과 같습니다.**

 일정한 시간이 지나면 감정도 가라앉고, 생각도 정리한 후에 제자리로 돌아와야 합니다. 떠난 사람을 잃기 전으로 돌아가는 것이 아니라, 새로운 삶의 관계와 시간을 만나야 합니다.

 아플 줄 알면서도 몸과 마음을 붙들 수 있는 힘을 가지는 것이 애도의 목적이어야 합니다.

눈물의 입자 속에 아픈 사연들이 심장을 치더라도
가야 할 길을 가는 것이 애도의 끝이어야 합니다.

## 08  높은 척하는 자존감

**"자신에게 유리한 이야기만 골라서 해요."**

옥신각신 끝에 결국 마음을 접고 생각을 꺾어야 하는 것은 늘 약자입니다.

'고집(固執)'과 '아집(我執)'은 자신의 두려움을 숨기고 감추기 위해 스스로를 마음속에 가두는 것을 말합니다. 고집의 고(固)는 '단단하게 가두다.'는 뜻이고, 집(執)은 '두려워하다.'라는 말입니다. 아집의 아(我)는 '자신의 생각을 굽히지 아니하다.'라는 뜻입니다.

고집은 두려운 마음이 커져서 갖게 되는 문제이고,

아집은 생각이 딱딱해져서 생기는 현상입니다. 고집과 아집이 있는 사람들은 다른 이들과의 대화에서 스스로가 틀릴 수 있다는 것을 인정하지 못하는 사람인 것입니다.

심리학 용어 중에 '**체리 피킹(cherry picking)**'이라는 말이 있습니다.

이 말은 체리 나무가 가득한 과수원에 들어가 잘 익은 체리만 골라서 따고, 그렇지 않은 체리들은 관심조차 주지 않는 행동에서 나온 심리를 말합니다.

쉽게 말하면 장점과 단점, 옳고 그름, 전경과 배경, 과거와 현재 등 전체적인 내용과 통합적인 관점을 가지는 것이 아니라, 자신에게 유리하고 이득인 것만 골라서 보여 주려는 심리를 말합니다.

자신에게 불리한 부분은 절대로 드러내지 않으면서

자기 자신만 옳다는 생각을 뒷받침하기 위해 타인의 잘못된 부분만 이야기하거나 자신의 잘못은 감추고 숨기는 것을 의미합니다.

아버지가 어머니에게 보여 주는 모습을 관찰해 보시면 좋겠습니다. 그 이유는 어려서부터 부모님의 대화 방식을 오감을 통해 배웠을 가능성이 높습니다. 이런 것을 '**초두효과(primacy effect)**'라고 합니다.

먼저 입력된 정보가 뒤에 습득되는 정보보다 더 강력한 영향을 미치는 현상을 말합니다. 대부분의 사람은 밖에서 경험하게 되는 심리적 영향보다 가정에서 부모에게 받는 영향을 발달 과정 중에 가장 크게 받게 됩니다.

부모의 잘못된 대화를 보면서 자란 사람의 목소리는 늘 축축하게 젖어 있을 것입니다. 가슴이 터지고, 피가 마르고, 억울함이 가득한 채 뾰족한 목소리를 전달하고 있는 것입니다. 심각한 문제가 아닐 수 없습니다.

한 사람의 대화 방법이나 목소리는 삶과 관련된 많은 것이 숨겨져 있습니다. 그 삶을 바꿔야 하는 어려운 문제인 것입니다.

**용서와 갈등의 결정적인 핵심은 늘 작고 사소한 부분에서 시작됩니다.**

미숙함으로 일방적인 감정적 전이를 보이는 사람은 어느 누구보다 공감을 원할 것입니다. 만약 관계를 이어 나가리라 결정하셨다면, 말속의 허세가 진실이든 아니든 고집이 세고 이기적이든 상관하지 말고, 열등감과 외로움에 집중해서 그냥 들어 주는 연습을 하셔야 합니다.

감정 다툼을 멈추고, 높은 척하는 자존감 뒤에 숨기고 있는 낮은 자존감을 바라보면서, 최소한의 반응과 지지하고, 응원하는 작은 눈빛만으로도 조금의 변화를 맛보실 수도 있을 것입니다.

## 09　기억력보다 더 강한 이해력

"나이 들면서 기억력이 없어요."

 언제나 속단은 금물입니다. 급하게 먹는 밥이 소화불량을 일으키는 것처럼, 급히 판단하는 생각은 대개 '이해 불량'을 초래합니다. 밥 먹다 돌 하나 씹었다고 그릇째로 밥을 버리지 않는 것처럼, 부분을 전체로 싸잡아 매도하듯 스스로를 과소평가하면 안 됩니다.

 사람들은 진짜에게는 경계심을 보내고 가짜에게는 신뢰감을 보내는 오류를 자주 범합니다. 핑계를 앞세워 만들어진 잣대와 안목을 버리지 못하는 이들의 가장 흔한 주장이 바로 '나이 들면 모든 게 기억나지 않는다.'라는 말입니다.

2010년, 캐나다 토론토 대학교의 신경학연구소 '카렌 캠벨' 교수팀은 〈최고의 상황 연결: 특별한 연령 효과(Hyper-binding: A unique age effect)〉라는 논문을 발표했습니다.

이 논문에서는 17세에서 29세까지 젊은 사람들과 60세에서 73세의 고령자들을 대상으로 기억력 비교 실험을 했습니다. 이들에게 연속되는 그림과 함께 전혀 관련 없는 단어를 제시했습니다.

예를 들면, '새(bird)' 그림과 '점프(jump)'라는 단어를 같이 보여 주었습니다. 참가자들에게 10분 휴식을 준 뒤, 두 번째 실험에서는 세 가지 종류의 그림과 단어 쌍을 보여 주었습니다.

첫 번째 실험과 달리 두 번째 실험에서는 집중력을

떨어트리기 위해 같은 그림에 다른 단어를 제시했고, 세 번째 실험에서는 완전히 새로운 그림과 단어 쌍을 보여 주었습니다.

연구 결과, 처음 실험과 비교해서 세 번째 새로운 그림과 단어 쌍에 대한 기억이 젊은 참가자들보다 고령 참가자들이 30%나 더 높은 것으로 나타났습니다.

이런 결과가 나온 이유는 바로 '상황을 이해하는 지혜'였습니다. 나이가 늘어나는 것은 지혜가 늘어나는 것입니다. 주변에서 동시에 일어나는 일을 더 잘 이해하기 때문에 기억력도 높은 것입니다.

그래서 기억력보다 이해력을 꽃피워야 합니다. 말이나 글로 설명할 수 있는 문제가 아닌 상황에 대한 이해력은 오직 삶의 경험에서 오는 지혜입니다.

날마다 심장을 도려내는 아픔을 경험해 보지 않은

젊은이보다, 겨울을 이겨 내고 맞이하는 봄날에 스스로를 피워 내는 벚꽃이 눈부시게 아름답다는 마음을 더 깊게 이해하는 어른이 지혜롭습니다.

사회가 정한 의미 없는 말에 한 번 속는 것은 '남들도 다 하는 말이라 믿기' 때문이고, 두 번 속는 것은 '자신을 믿지 못하기' 때문이며, 세 번 속는 것은 '미리 포기해 버린 나의 태도' 때문입니다.

씨앗처럼 간절히 싹트기를 기다리는 희망의 낱말이 사람마다 하나쯤은 가슴속에 간직되어 있을 것입니다. 반대로, 스스로를 억누르며 삭막하고 외롭게 만드는 녹슨 단어만 바라보는 이들도 있습니다.

지갑에 돈 마르는 것이 걱정인 젊은이보다 가슴에 정 마르는 것을 걱정하는 젊은이는 드뭅니다. 가슴에 넘치는 꽃밭이 있어도 물을 주지 않는 젊은이보다 작은 꽃밭이라도 수시로 물을 주며 사랑의 눈길을 덤으로 주는 어른이 지혜로운 것입니다.

지식의 무게와 고난의 무게가 비례하지 않는 것처럼 기억력과 이해력도 다른 영역입니다. 세월의 무게가 선물하는 이해력은 삶을 살면서 자신의 모습을 비추어 보는 거울이 되는 것입니다.

**기억력보다 더 강력한 이해력을 쥔 여러분들의 오늘이 빛나길 바랍니다.**

## 10  용서의 이점

**"용서가 안 되는데 어찌해야 하나요?"**

용서는 세상에서 가장 어려운 일입니다.

남을 용서하는 것이 독을 삭이고 피를 덥히는 최고의 보약이라고 하지만, 그 보약 안 마시고 말겠다는 생각이 가득할 정도로, 용서는 쳐다보기도 싫을 때가 있습니다.

용서하는 것은 범죄에 대해서, 관용을 의미하지 않습니다. 용서는 망각을 의미하지도 않습니다. 또, 용서는 지나간 고통을 제거하지는 않습니다.

**용서는 과거 속에 나 자신을 얽매이지 않게 만드는 것이 핵심입니다.**

용서라는 개념을 조금이라도 소유하기 위해서는 생각의 뿌리에 두 가지를 심어야 합니다.

첫 번째는, '나에 대한 개념'입니다. 내가 나를 어떻게 보는지에 따라서 용서의 개념이 형성됩니다.

두 번째는, '미래에 대한 개념'입니다. 미래를 어떻게 보는지에 따라서 생각이 달라지게 됩니다.

2012년, 미국 캘리포니아 대학교의 샌디에이고 캠퍼스 심리학과 '브리타 랄센(Britta Larsen)' 교수팀은 〈용서의 즉각적 및 지연된 심혈관 이점(The immediate and delayed cardiovascular benefits of forgiving)〉에 대한 논문을 《행동의학회》에 발표했습니다.

이 논문에서는 200명의 참가자를 대상으로 친구가 자신을 비난했던 일을 떠올리도록 한 후에 지원자들을 두 그룹으로 나눴습니다. 이들에게 서로 다른 태도를 취하도록 했습니다.

A 그룹 지원자들에게는 그 일이 얼마나 자신들을 화나게 했는지 생각하도록 했습니다. 반대로 B 그룹 지원자들에게는 좋았던 일과 고마웠던 일을 떠올리게 하고 좀 더 너그러운 마음을 가지도록 했습니다. 5분 후에 이와 관련된 생각을 멈춘 후에 이전의 기억을 다시 떠올리도록 했습니다.

이제는 어떠한 마음의 태도나 마음가짐에 대해서 지원자들에게 주문하지 않았습니다. 이때 혈압과 심장 박동 수치를 측정했습니다. 그 결과 A 그룹은 B 그룹에 비해 혈압이 훨씬 높이 올라갔고, 스트레스로 인해 고혈압과 심장마비, 또는, 뇌졸중 위험까지도 높였습니다.

용서의 마음은 상대를 위한 것이 아니라, 나를 위한 것이라는 것을 인식해야 합니다. 용서하는 마음을 갖는 것은 그 사건에 따른 부정적인 신체 반응을 줄여 주고 지속적으로 방어력을 갖게 해 준다는 것 또한 중요한 사실입니다.

마음이 부서진 상태에서는 마치 실이 끊어진 마리오네트 인형처럼 어떠한 생각도 하지 못하게 됩니다. 머리가 멍해진 게 차라리 다행이라는 생각마저 드는 것처럼, 머리가 맑아지면 찾아올 가혹한 현실을 견딜 수가 없어서 힘듭니다. 살아 있는 게 아니라, 단지 살아 있는 흉내만 내는 껍데기만 남은 삶을 연명하는 듯하기도 합니다.

용서는 언 땅을 녹이고, 새로운 생명을 태어나게 하고, 마음에는 아주 조그마한 공간이 생겨나게 합니다.

용서는 그가 아니라, 내 마음을 가볍게 하기 위함입

니다. 부서진 마음과 끝까지 할 수 있기 위해서라도 용서가 답입니다.

꽃을 피우는 과정을 견뎌 온 것도 중요하지만, 꽃이 지고 난 후, 좋은 씨앗으로 남는 것도 중요합니다.

# 4장

## 겨울,

세찬 바람에 뼈마디까지 얼어
어쩔 수 없는 쉼을 얻고 나면
그제야 버려둔 마음이 보입니다.
영원한 겨울에 잡히지 않도록
도움의 손길을 잡아야 합니다.
그리고, 겨울이 품은 봄을 기대해 봅니다.

## 01 변화하고 바뀐다는 것

"사람은 바꿔 쓰는 게 아니라고 했잖아요.
바뀌지 않는 거죠?"

많은 분들이 반복되는 이 질문을 하십니다. 의도는 알겠지만, 대답은 늘 같습니다.

'바뀝니다! 어렵지만 바뀝니다.'

나의 변화는 생각하지 않고, 타인의 변화만 바라고 있다면, 첩첩이 쌓였다 무너지는 도돌이표를 만나게 될 뿐입니다. 질문의 방향을 바꾸면 좋겠습니다.

"타인을 바꾸는 것보다 내가 바뀌는 것이 어려울까요? 아니면 쉬울까요?"

얼어붙은 시간을 움직이는 것은 나의 변화에서 시작됩니다. 쉽지는 않지만 바꿀 수 있습니다. 천년 기다리다 돌이 되어 버린, 누군가와의 관계도 나의 변화에서 녹아내릴 준비를 합니다.

2018년 10월, 미국 서던메소디스트 대학교 연구팀은 〈따라야 합니다. 행동의 변화를 목표로 달성하려면, 자발적인 성격 변화를 예측할 수 있습니다(You have to follow through: Attaining behavioral change goals predicts volitional personality change).〉라는 논문을 발표했습니다.

이 논문에서는 학생 377명을 대상으로 15주간 실험을 진행했습니다. 본격적인 실험을 진행하기에 앞서 우선 학생들에게 '**성격 5 요인**'에 대해 설명했습니다.

그다음 5가지 성격 중, 자신에게 변화가 필요한 성격을 선택하게 했습니다.

5가지 성격 요인은 1976년에 심리학자인 '폴 코스타(Paul Costa)'와 '로버트 매크레이(Robert McCrae)'가 개발한 '**Big 5**'로 다섯 가지가 있습니다. '**경험에 대한 개방성(openness)**', '**성실성(conscientiousness)**', '**외향성(extroversion)**', '**친화성(agreeableness)**', '**신경성(neuroticism)**'입니다.

그 결과, 줄여 나가야 할 성격으로는 '신경성', 좀 더 늘리고 싶은 성격은 '외향성'이었습니다. 이들에게 자신이 변하길 원하는 방향으로 과제를 주고, 수행하면서 한 주가 끝날 때마다 기록하도록 했습니다.

실험 결과, 도전 과제를 많이 성공한 참가자일수록 자신이 추구하는 방향과 유사해지는 경향을 보였고, 반대로 도전하지 않은 참가자는 자신이 원하는 성격과 반대 방향으로 변화하는 역효과가 일어났습니다.

변화하고 바뀐다는 것은 '생각'만 가지고는 충분하지 않습니다. 구체적으로 행동으로 옮겨야 '변화'라는 꽃이 피기 시작합니다.

잃어버린 바늘 찾듯 찬찬히 들여다보면서 박제를 거부하는 내 마음속에 숨어 있는 변화의 씨앗을 발견해야 합니다.

## 02  약물치료와 심리치료

"약물치료도 싫지만, 상담한다고
진짜 사람이 변할까요?"

생각이 감정의 시녀 노릇 하기에 여념이 없으면, 불만과 불평만 살판난 듯이 춤을 추게 됩니다.

마음과 따로 노는 생각에 이력이 나 있다면, 시각은 그만큼 어설픈 억지를 부리게 되는 것입니다. 스스로가 깊은 곳의 취약한 부분을 자극하면서 분노 게이지를 한 칸씩 서서히 높이는 것과 다름없습니다.

날카로운 말이나 폭력적인 행동으로 마음에 상처를

남기듯, 건강한 생각과 작지만 건강한 실천은 회복의 옷을 선물합니다. 인생에서 폭풍우가 지나고 나면, 다시 복구되기 힘들 정도로 폐허가 된 마음에는 잔해만 남게 되기도 합니다.

즉, 감정이 나 자신을 휘감고 있을 때는 감정의 폭발 버튼만 누르고 있기 때문에 약물치료도, 심리치료도 객관적인 시각이 아니라 감정적으로 보이기 마련입니다. 뛰면 벼룩이고 날면 파리라고 생각되는 것입니다. 무엇을 해도 효과가 없다고 느껴지는 것입니다.

심리학에서는 '**스키마(schema)**'라는 용어가 있습니다.

나와 세상, 그리고 미래를 바라보는 관점을 지칭하는 말입니다. 이 용어는 1960년대 초반에 인지 치료를 창시한 미국 정신과 의사인 '아론 벡(Aaron Beck)'이 우울증 환자들이 부정적인 생각과 결론을 자동적으로 떠올린다는 것을 발견하고 사용한 말입니다. 그래서, '**스키마**'와 '**자동적 사고(automatic thought)**' 이 두 용어는 같은 개념으로 사용되고 있습니다.

사실, 정신분석과 인지 치료는 다른 관점을 가지고 있습니다. 나무로 비유하자면, 한 사람이 심리적 문제가 있을 때 나무의 뿌리(무의식)를 살펴보고 뿌리를 치료해야 한다는 입장이 바로 정신분석입니다.

반대로, 인지 치료는 사과나무의 열매에 벌레가 생겼다면, 열매에 벌레가 생길 수 있는 환경 자체를 바꿔 주는 입장입니다. 즉, 과거가 아니라 현재의 부정적인 생각 습관을 바꿔 주는 것이 중요하다는 것입니다.

현재의 부정적인 생각을 바꿀 수 있는 가장 좋은 방법은 바로 '**관찰(monitoring)**'입니다. 나 스스로도 인지하지 못하는 사이에, 마주하고 있는 상황에서 올라오는 생각과 손쓸 새도 없이 형성되는 감정을 자세히 살펴보면서 기록하는 것이 바로 관찰입니다.

관찰하다 보면, 상처를 쉽게 받는 취약한 부분이 드러나게 됩니다. 유독 나를 사로잡는 사람과 상황, 혹은 시간과 장소를 파악해야 합니다.

제대로 처리하지 않은 작은 불씨로 인해 생각과 마음이 다 타 버리지 않도록 꼼꼼히 정리해야 합니다. 해묵은 분노가 타오르기 전에 간격과 여유를 통해 심리적 거리를 충분히 가지도록 노력해야 합니다.

현재에도 과거에도 편입되지 못한 채, 어정쩡한 몰골로 서 있으면, 언제든 무너져도 이상하지 않습니다.

**약물치료와 심리치료는 모두 효과가 있습니다.**

## 03  동물 치료

"반려견을 키우는 것이 도움이 되나요?"

 반려견을 키우는 것이 심혈관이나 면역성과 같은 생리적인 회복에 큰 도움이 되는 것이 사실입니다.

 언어의 수단을 뛰어넘는 게 바로 반려견과의 관계일 것입니다. 반려견과 15년간 나누는 대화는 눈으로 체온으로 심장으로 나직한 호흡 소리로 밀물이 되어 들어왔다가 썰물이 되어 나갑니다. 그것이 언어이고 대화입니다.

 늘 대답 대신 말없이 다가와 주고, 말없이 끌어안아

주고, 곁을 지켜 주기 때문에 개를 단순히 인류에 도움이 되는 도구로 생각하는 것이 아니라 일생 동안 함께하는 동반자라는 뜻에서 '반려동물'이라고 부르고 있는 것입니다.

'보이지 않는 것은 사랑이 아니다.'라는 표현을 자주 합니다.

부부 사이에서도 부모-자녀 관계에서도 진정한 사랑은 몸을 통해 가슴으로 전하는, 그래서 조금씩 천천히 커 가고 마음속 깊이 뿌리내리는 것입니다. 시간이 흐를수록 깊어지고, 쉽게 변하지도, 떠나지도 않는 사랑이 됩니다.

바로 반려견이 그렇습니다. 숨기지도 않고 몸으로 눈에 보이게 사랑을 표현합니다. 그래서 반려견에게 지친 마음을 누이게 되고, 위로를 받게 되는 것입니다.

2021년, 미국 워싱턴 주립 대학교의 '패트리샤 펜트리' 교수팀은 〈치료견을 쓰다듬는 행위가 스트레스를 줄이는 데 도움이 된다.〉라는 논문을 《미국교육학회》에 발표했습니다.

이 논문에서는 참가자 309명에게 스트레스 관리법과 인간-동물 상호작용의 조합에 대한 프로그램을 3년간 진행했습니다.

이 연구에서는 계획하고, 체계화하고, 집중하고, 암기하고, 스스로 동기부여를 하는 '**실행 기능(executive functioning)**'을 측정했습니다. 또한, 4주간의 '**동물 치료(animal therapy)**' 프로그램을 진행했습니다.

연구 결과, 프로그램에 참여한 치료견을 참가자들이 쓰다듬는 행위만으로도 스트레스가 줄어드는 것으로 드러났습니다. 참가자들의 타액을 채취해 스트레스 호르몬 수치를 측정했습니다.

행복 호르몬인 세로토닌과 옥시토신이 분비되는 동시에 스트레스 호르몬인 코르티솔은 줄어들었습니다. 또한, 치료견과 함께 참가자들이 신체적으로 활동을 하면서 운동량이 늘었고, 혈당 수치도 안정적으로 회복했습니다.

반려견에게서 흘러나오는 느낌, 향 그리고 몸의 울림. 그 안에서 머물던 감정의 무늬가 우울이 찾아오지 않도록 막아 주는 방패가 되기도 합니다.

넘겨도 넘겨도 똑같은 페이지의 삶, 얽히고설킨 길이 많았던 삶, 늦은 후회로 쌓인 스트레스를 놀랍게도 반려견이 풀어 줍니다.

쓰다듬는 손가락과 손바닥의 감각은 팔과 목을 타고 머리까지 올라와, 가장 편안할 때 작동되는 부교감 신경을 자극해서 행복감을 가지도록 마법을 부립니다.

혹시라도 반려견을 키우시는 분들에게는 확신을, 키울까? 고민하시는 분들에게는 반려견이 삶에 충분히 도움이 될 거라 믿음을 드린다면 좋겠습니다.

## 04  잠은 그 자체로 치료이고 진정제

"잠을 잘 자는 것이 심리적으로 건강해지는 것과는 어떤 관련성이 있을까요?"

'수면과 심리' 또는 '수면과 정신 건강'은 깊은 관련이 있습니다. 수면의 외적과 내적인 지식을 배우고 알게 되면, 가히 엄청난 변화를 가져오게 될 것입니다.

**잠은 그 자체로 치료이고 진정제입니다.**

수면을 잘 취하는 것은 단순히 신체적으로 회복을 가져다줄 뿐만 아니라, 지치고 힘들었던 감정을 정화하는 기능을 합니다. 또, 뒤죽박죽 정리되지 않은 서랍의 내용물을 전부 꺼내서 차곡차곡 정리하듯, 단기기억과 장기기억을 구분해서 삭제와 유지의 갈림길을 결정하는 것도 수면이 하는 일입니다.

 잠을 덜 자거나 못 자는 다음 날이면, 온몸이 불덩이처럼 뜨거워지는 것을 경험한 적이 있을 것입니다. 바로 면역력이 떨어져서 그렇습니다.

 또, 잠이 부족하면, 식욕 억제 기능을 담당하는 호르몬인 '**렙틴(leptin)**'과 식욕 증가 기능을 담당하는 호르몬인 '**그렐린(ghrelin)**'에 문제가 생겨서 오작동이 일어납니다. 너무 과식하게 되거나 모든 음식을 거부하는 '거식증'이 오기도 합니다.

 그 외에도, 피부노화나 심혈관 질환도 수면 부족이 원인입니다. 최근에는 '**신경인지장애(치매)**'의 가장 근본적인 원인이 바로 수면 부족이라는 것도 밝혀졌습니다.

2021년, 미국 워싱턴 주립 대학교 심리학과 '폴 휘트니' 교수팀은 〈수면 문제는 감정 통제에 부정적인 영향을 미친다.〉라는 논문을 발표했습니다.

이 논문에서는 성인 참가자 60명을 대상으로 워싱턴 주립 대학교 의과대학교 내에 있는 '수면 연구 센터(Sleep and performance research center)'에서 4일간 시간을 보내게 했습니다. 연구진은 참가자들의 '감정'과 '감정 조절 및 처리 능력'을 알아보기 위해 실험을 진행했습니다.

우선 참가자들을 두 그룹으로 나눴습니다. A 그룹은 이틀째 밤에 수면을 취하지 않게 했고, B 그룹은 정상적으로 잠을 자게 했습니다.

그런 후, 이들에게 시간 간격을 두고 단어나 이미지를 전달하는 감정 조절 검사에서 수면이 부족했던 A 그룹 참가자들은 자신의 감정을 통제하는 데 더 어려움을 겪는 것으로 밝혀졌습니다. 수면 부족 때문에 생긴 스트레스는 감정을 조절하는 데 있어서 치명적인 오류를 일으키는 것으로 드러난 것입니다.

 수면은 하루의 삶에서 3분의 1을 차지합니다. 결코 버리거나 헛되거나 무의미한 시간이 아닙니다. 뇌가 깨어 있을 때 못지않게, 부지런히 나의 건강한 심리를 위해 일하는 시간이 바로 수면 시간인 것입니다. 그래서 심리상담을 받으러 오는 내담자나 정신건강의학과에 진료를 받으러 오는 환자들에게 가장 먼저 회복시키려는 우선순위가 바로 '수면'인 것입니다.

 생체시계의 핵심인 수면은 손목시계나 벽걸이 시계처럼 정확한 규칙을 좋아합니다. 주중, 주말, 연초, 연중, 연말 언제든 비슷한 시간에 일어나고, 수면을 시작하는 것만큼 중요한 것이 없습니다.

 심리적 건강이나 신체적 건강은 머리로 알고, 몸으로

느끼는 것입니다. 건강한 수면을 실천하는 일은 지독한 간절함이 될 정도로 어려운 시기입니다.

'생활'이란 말보다 '생존'이란 말이 더 절실하게 느껴진다면, 더더욱 건강한 수면을 취하시길 바랍니다.

## 05  불안을 낮춰 주는 애착 대상

"아이가 인형이 너무 많아요."

   심리학에서는 '**접촉 안정감(contact comfort)**'이라는 용어가 있습니다.

   아기들은 엄마의 뱃속에서 10개월 동안 가장 큰 안정감을 느끼다가 세상에 나오면서 엄마에게서 멀어지는 연습을 하게 됩니다. 이때부터, 분리불안을 이겨 내야 하는 숙명에 처한 아기들이 택하는 방식이 바로 '**애착 인형(attachment doll)**'입니다.

   많아도 괜찮습니다. 없는 것이 문제입니다.

엄마가 옆에 붙어 있으면 아이들은 대부분 불안을 느끼지 않습니다. 하지만 하루 종일 24시간 함께해 줄 수 없기 때문에, 불안감을 해소하기 위해 항상 들고 다닐 수 있으면서도 엄마와 가장 유사한 안정감을 주는 인형을 통해 촉각의 예민함을 낮출 수 있는 것을 바로 '**접촉 안정감**'이라고 합니다.

2022년, 영국 카디프 대학교의 '사라 거슨' 교수팀은 〈아이들이 전자기기보다 인형을 가지고 놀 때, 타인의 생각과 감정에 대해 더 많은 이야기를 한다.〉라는 논문을 《발달과학회》에 발표했습니다.

이 논문에서는 4세에서 8세까지 33명의 아이들을 모집해서 태블릿을 사용할 때와 인형을 가지고 놀 때, 뇌 활동을 스캔하면서 차이점을 확인했습니다.

연구 결과, 태블릿을 사용할 때는 게임 속 캐릭터에 대해 역할 연기나 대화를 하지 않아서 뇌의 활동이 거의 없는 것으로 나타났습니다. 반면에, 인형을 가지고 놀 때는 상상의 세계를 만들어서 역할놀이를 통해 타인의 감정과 기분에 대해 의미 있는 메시지를 내면화하는 과정을 거치는 것으로 나타났습니다.

이때, 뇌가 '**내면 상태 언어(internal state language)**'를 많이 자극해서 사회성과 정서를 다루는 뇌를 활성화하면서 '**공감 능력(empathy)**'이 향상되는 것으로 드러났습니다.

물론, 아이들 중에 자신의 얼굴이나 신체에 뭔가 닿는 자극에 극도로 거부반응을 보이는 아이들도 있습니다. 이러한 거부반응을 '촉각 방어'라고 합니다. 이런 아이들은 많은 대상의 접촉을 불쾌감으로 인식하기 때문에, 물건들을 만지는 것도 싫어하고, 자신의 몸에 닿는 것도 싫어합니다. 하지만, 부드럽고 보드라운 인형이나 이불만 원하는 경향도 있습니다. 그러니 신체적 예민도가 얼마나 높은지 확인할 필요는 없습니다.

**우리 어른들에게도 불안을 낮춰 주는 애착 대상이 존재합니다.**

마음을 나눌 수 있는 친구, 커피나 차를 마시는 시간, 내가 좋아하는 책을 읽는 시간, 이 모든 대상과의 시간이 바로 애착 대상에 해당합니다. 이런 대상과 시간이 너무 많다고 해서 뭔가 문제가 있는 것은 아닙니다. 오히려 그런 시간이 너무 없어서 자신의 불안을 낮출 수 없는 상태가 더 위험한 상태입니다.

어른도 아이도 불안을 낮출 수 있는 애착 대상이 존재한다는 것은 스스로를 토닥이는 방법을 가진 것과 같습니다.

아이들에게 인형은 불안을 막아 주는 소중한 물건입니다.

## 06 자연이 주는 위로

"자꾸 집에만 있어서 그런지,
더 우울해지는 것 같아요."

　강원도 인제, 화천, 철원은 산들을 원근으로 줄 세워 수묵화 한 장 쉽게 그려 내는 화가들입니다.

　시련 속에서도 오랜 시간 견뎌 온 나무와 바위들을 보면 세상의 모든 소리가 멈추고 고요가 내 안으로 흘러 들어오는 것을 느낍니다.

　자연은 얼마나 많은 것을 품었기에 이렇게 안정감을 나눠 주는 것일까요?

약 17년 전, 처음으로 심리학에서는 '**신경 건축학**'이라는 용어가 등장했습니다.

심리학자, 뇌과학자, 그리고 건축가들이 모여서 공간이 사람의 생각과 마음, 그리고 행동에 어떤 영향을 주는지 연구하면서 만들어진 분야입니다.

더 이상 공간은 물리적 차원에서 건축학에 머물러 있지 않고, 인문학 분야로 흡수되었습니다. 즉, 공간은 많은 기억과 이미지를 투영해서 감정을 끌어내고, 생각과 행동에 영향을 미치게 됩니다. 이처럼 다양한 공간에서 맛보는 감정이 중요합니다.

하지만 집에만 있으면서 느끼는 감정은 단조로울 수밖에 없습니다. 심지어 아픔과 슬픔이 반복되는 집이라면 더더욱 밖으로 나가서 감정을 자주 환기시켜야 합니다. 가슴에 기록되지 못하는 감정은 지나는 바람보다 나을 게 없습니다.

집 안에는 무수히 많은 감정이 존재합니다.

자세히 보면 내가 능동적으로 느끼는 것처럼 보이지만 집 안에 있는 대상들이 내 마음을 움직이는 것이고, 내가 그 대상들을 지켜봐 주는 것 같지만 그 대상들이 나를 보살펴 주는 것이 많습니다.

공원, 연못, 산. 이름만으로도 마음을 당기는 곳이 있습니다. 이름을 듣자마자, 그곳에 가면, 고민과 걱정의 고리를 단칼에 끊어 낼 수 있을 거라는 생각이 듭니다.

산과 나무의 얼굴 전반에 어린 은은한 미소는 걱정 같은 건 모두 털어놓고 가라며 편안하게 만들어 줍니다. 나뭇가지도 바람도 '괜찮다, 괜찮다' 하며 등을 두드려 주는 것 같습니다.

그곳에 가면서, 책 한 권 들고 가면 더 좋습니다.

심한 상처를 입고 금방이라도 무너질 것 같은 과거의 나이지만, 비교적 단단하게 시간의 침식을 견디고 있는 현재의 나를 위로해야 합니다.

앙상한 마음에 글자가 뿌리를 내리고, 싹트는 생각 위에 아픔과 희망을 동시에 읽어 내게 됩니다. 빛은 늘 등 뒤에 그림자를 감추고 온다고 했습니다.

꽃잎에 가슴이라도 베인 듯 눈물로 밤을 지새우지 말고, 한숨 하나 내려놓기 위해 밖으로 나가길 바랍니다. 나가면서 손에 쥔 책의 지혜를 빌려 마음의 상처를 꿰매고 돌아오면 그만입니다.

## 07  꽃이 주는 심리적 안정감

"자연이 정신 건강에 중요하다고 설명했는데요.
꽃이 심리적 안정감에 도움이 될까요?"


꽃을 보기만 해도 뇌가 안정적으로 변하고, 향기를 맡으면 스트레스가 풀린다는 연구가 무수히 많습니다.

무게를 달지 않고 마냥 편안한 대상이 바로 꽃입니다.

피톤치드 향을 맡으면, 편백나무가 숲에 있는 것을 떠올립니다. 백일홍 붉은 꽃망울을 바라보면, 이상하게도 밤을 지새우며 나를 부르던 그 사람이 생각납니다.

이처럼 꽃과 연상되는 개념은 부정보다 긍정의 대상이 널려 있습니다. 눈길과 손길이 닿는 대상이 있는 것처럼, 꽃으로 인해 이어지는 마음 길과 생각 길의 끝에는 별처럼 반짝이는 단어들이 넘쳐 납니다.

꽃이나 식물을 가까이하면 우울 완화와 해독 작용에 최상입니다. 침실에 꽃을 두면 불면증 완화에 도움이 된다는 연구도 있습니다.

또, 꽃 향료를 따뜻한 물에 한두 방울 떨어뜨려서 목욕을 하거나 직접 향료의 냄새를 맡아서 마음을 안정시키고 병을 치료하는 방법은 이미 널리 알려져 있을 정도입니다.

심지어 식용으로 길러지는 장미꽃은 비타민과 항산화 물질이 들어 있어서 몸의 생기를 유지해 주고 노화를 늦춥니다. 게다가 여성호르몬도 풍부해서 생리통이나 갱년기 아픔을 줄여 주는 데도 좋습니다.

2020년, 미국 캘리포니아 대학교의 '윌라 브레노비츠' 교수팀은 〈꽃향기가 치매 예방약이다.〉라는 논문을 《알츠하이머와 치매학회》에 발표했습니다.

이 논문에서는 성인 1,800명의 참가자들을 10년간 관찰 연구 했습니다. 이 연구를 시작할 때는 치매 증상을 보이지 않았지만, 10년 후에 참가자 18%인 328명이 치매에 걸렸습니다.

연구 결과, 후각이 치매와 연관이 깊고, 특히 다른 감각에 비해서 후각이 둔한 사람이 치매에 걸릴 위험이 19%나 큰 것으로 나타났습니다.

꽃향기를 맡을 정도로 후각이 예민하다는 것은, 치매에 덜 걸릴 가능성이 크다는 것입니다. 오감의 예민도는 정신 건강에 아주 중요합니다. 아름다운 꽃을 가까이하면 심리적인 충동성, 증오 등과 같은 어두운 감정들을 누그러뜨리는 데에 더없이 좋습니다.

그 누구도 볼 수 없고, 그 누구도 훔쳐 갈 수 없는 내 심장에 숨겨 둔 꽃에는 다양한 향기와 색깔들이 박혀 있을 것입니다.

특히, 부모와 자녀의 관계에서 다양한 꽃이 피면 좋겠습니다. 눈빛도 꽃처럼, 손길도 꽃처럼, 대화도 꽃처럼 주고받았으면 좋겠습니다.

색안경을 끼기보다는,
꽃 안경을 끼고 세상을 바라보면 좋겠습니다.

## 08  물의 진정 효과

**"집에 어항이 있으면 좋다고 하셨는데요."**

어항이 있으면, 불안증이 있는 분들에게 도움이 됩니다.

인간 본능은 엄마와 같은 대상에게 이끌립니다. 물이 그러합니다. 아기는 엄마 태내에서 10개월을 살아 냅니다. 태내에는 양수가 있고, 이 양수 속에서 둥둥 떠다니면서 자라게 됩니다. 놀랍게도 이 양수는 바닷물의 성분과 비슷합니다.

양수의 성분이 바닷물과 유사한 것도, 인간이 바다를

좋아하는 것도 모두 연결되어 있는 것입니다. 이런 이유로, 다 자란 성인의 온몸에는 물을 좋아하는 본성이 새겨져 있는 것입니다. 사람은 물에 몸을 맡겨 삶의 무게를 털어 내게 됩니다.

**물은 위로를 앞세워 내려놓음을 가르칩니다.**

집 안이든, 집 주변이든, 어항이나, 폭포나, 우물과 같은 곳을 통해서 스트레스에 찌든 몸과 마음은 순백에 가깝도록 탈색되는 것을 실감할 수 있습니다.

2016년, 미국 컬럼비아 대학교의 '사남 하피즈' 교수 연구팀은 〈물을 바라보는 것만으로도 진정 효과가 있다.〉라는 논문을 《네이처》에 발표했습니다.

이 논문에서는 물만 들어 있는 어항, 물고기와 수초가 채워진 어항 등을 설치하고 방문객들이 어느 곳에 가장 오랜 기간을 바라보는지 알아보았습니다.

그 결과, 물고기가 많은 어항 앞에서 가장 오래 머물렀습니다. 그런데 이보다 더 흥미로운 것은 바로 방문객들의 심장 박동 수와 혈압에 대한 결과였습니다. 물고기와 수초가 없이 물만 채워진 어항을 바라보는 것만으로도 혈압이 낮아지고, 스트레스 수치가 떨어진 것입니다.

신경심리학적으로도 물은 진정 효과를 일으키는 것으로 나타났습니다.

물이 가진 푸른색이 부교감 신경을 자극해서 긴장을 풀어 주고, 평온한 마음을 갖게 하고, 심지어 행복감을 향상하는 것으로 나타났습니다. 이런 이유로 휴가철이 되면, 바다나 호수, 또는, 강 주변 장소를 찾는 이유가 바로 이러한 진정 효과 때문입니다.

집에 어항이 없더라도 물이 있는 호수나, 강이나, 바다에 자주 가면 됩니다.

물의 감촉은 굳어 버린 생각을 부드럽게 풀어 줍니다.

## 09 마음을 치료하는 음악

"클래식이 도움이 되나요?"

 마음을 치료할 때, 음악은 효과적일 때가 있습니다. 특히 클래식은 상처에 갇혀 아파하는 마음과 불만의 풍선껌을 불어 대는 사막 같은 마음을 촉촉하게 적셔 주는 능력이 있습니다. 이상하게도 클래식을 듣고 있으면, 둥근 나이테처럼 시간이 깎아 놓은 마음의 변화무쌍한 사계절을 맛보게 됩니다.

 클래식을 꾸준히 들으면, 삶에서 가장 절실했던 순간과 호환하고, 마음을 헹구는 만남을 경험하게 됩니다. 또, 3월이 되어야 봄이 오는 것이 아니라, 가슴속에 꽃

한 송이 피워 내야 거기서 봄이 시작된다는 것을 깨닫게 됩니다. 마음에 새살이 돋는 경험도 이어집니다. 소리의 곡선을 듣는다는 것이 마음을 헹구고 생각을 털어 낼 수 있는 친구 같기에, 한 번 듣고 끝나는 것이 아니라, 계속해서 듣고 또 듣게 되는 이유인 것 같습니다.

2009년, 영국 서섹스 대학교 인지 신경심리학 전공 '데이비드 루이스' 박사팀이 '스트레스' 관련성에 관한 연구를 진행했습니다. 루이스 박사는 스트레스를 줄여 주고, '해소(solving)'할 수 있는 활동에 대해서 연구했습니다.

연구 결과, 음악 감상은 독서나 산책과 더불어 가장 스트레스를 낮춰 주는 요소라는 것을 밝혀냈습니다. 이런 음악 감상은 빠르게 뛰는 '심장 박동 수(heart rate)'를 안정적으로 낮춰 주고, '근육의 긴장(muscle stress)'이 풀어지게 했습니다.

스트레스를 받을 때, 심장 박동이 빨라지게 되면서, '코르티솔(cortisol)'이라는 호르몬이 분비됩니다. 이 '코르티솔'이라는 단어의 어원이 라틴어 'cortex'입니다. '나무의 껍질(bark of a tree)'에서 온 말입니다. 아래쪽 배의 등 쪽에 쌍으로 위치해 있는 콩팥에는 '콩팥 위샘'이라는 기관이 있습니다. 이 콩팥 위샘을 보통 '부신(adrenal gland)'이라고 부르는데, 이 부신에서 코르티솔이 분비됩니다.

이렇게 분비되는 코르티솔은 몸 곳곳에 있는 근육으로 이동해서 근육이 뭉치도록 만듭니다. 근육이 뭉치면서 피가 쏠리고, 피가 근육 쪽으로 몰리면서 혈압이 올라가고, 그 결과 혈당의 문제가 생깁니다. 혈압과 혈당에 변화가 생기면서 심장은 더더욱 빠르게 뛰는 것입니다.

즉, 악순환의 고리에 들어가는 것입니다. 이런 악순환의 상태에서 오랜 시간 스트레스를 받게 되면, 면역력이 약해져서 온갖 질병이 발생하게 되는 것입니다.

 반대로, 이렇게 힘든 몸 상태에서 클래식을 듣게 되면, 스트레스에 '긍정적인 영향(positive effect)'을 주게 됩니다.

 미국 음악치료협회에 따르면, 십이지장궤양의 징후가 있던 35세 주부에게 주변 소음이 없는 약간 어두운 방에서 편안한 멜로디의 음악을 반복해서 몇 주간 들려주었는데, 병이 완전히 치료되는 사례도 있었습니다. 또한, 음악의 파장이 몸의 움직임에 긍정적인 영향을 미친다는 것은 과학적으로 설명과 이해가 충분히 되는 부분입니다.

 2018년, 미국 미시간 대학교 연구팀은 〈계속해서 반복해 듣는 음악: 사람들이 사랑하는 노래와 계속 듣는 노래(Extreme re-listening: Songs people love…. and continue to love)〉라는 논문을 《음악심리학회》

에 발표했습니다. 이 논문에서는 성인 남녀 304명을 대상으로 반복해서 음악을 듣는 심리를 연구했습니다.

실험 참가자의 86%는 일주일에 한 번 이상 자신이 좋아하는 음악을 듣고, 절반은 매일 듣는다고 대답했습니다. 또 60%는 같은 노래를 반복해서 들을 때가 있다고 대답했습니다. 또한, 반복해서 듣는 음악의 경우, 눈을 감고 집중하는 경향도 나타냈습니다.

도대체 왜 사람들은 음악을 반복해서 듣는 걸까요?

바로 음악이 주는 '안정감'과 '위로' 때문이었습니다. 음악이 행복을 만들어 주고, 마음을 차분하고 편안하게 만들기 때문에 그 상태를 다시 느끼기 위해 반복해서 듣게 되고, 음악과 깊은 교감을 느끼게 되는 것입니다.

클래식은 온몸에 무지개를 그려 놓은 꽃잎처럼, 눈과 마음에 위로와 행복을 새겨서 우울과 슬픔이 넘쳐 나는 상황 속에서도 뭔가 모를 묵지근한 의지를 끌어냅니다. 더 많은 이들이 슬픔과 고통이 마음에 박제되지 않도록, 클래식을 들으면서 글을 읽으면 좋겠습니다.

 함부로 지울 상처는 없지만, 그렇다고 놓아 버리지 못할 미움도 없습니다.

가슴 깊은 곳에 봉오리 하나가 툭 하고 열리면 피어나는 꽃을 보며, 미소도 같이 피우면 그만입니다.

## 10  눈물에 대한 심리학

"울고 싶은데, 울면 안 될 것 같아서 답답해요."

진심은 마음속에 자리하지, 머릿속에 자리하지 않습니다. 감정은 있는 그대로 인식하고 받아들여질 때, 비로소 고이지 않고 자연스럽게 흘러갑니다. 그렇기에 슬픈 감정이 생각이든 마음으로든 차오른다면 충분히 울어야 합니다.

**내 마음속에 없어야 하는 감정은 없습니다.**

마음의 아픔이나 우울을 '문제'로 간주하면서 숨기고 감추게 되면, 그 감정을 있는 그대로 바라보면서 안아

주지 못하게 됩니다. 모른다는 사실은 문제가 되지 않지만, 자신이 모른다는 사실을 모르고 있거나 알면서도 감추거나 숨기다 보면, 방부제를 친 감정조차 썩어 버리는 결과가 생깁니다.

날개를 움직이지 않고 멀리까지 날아갈 수 있는 새도 없고, 지느러미 한 번 움직이지 않고 멀리까지 헤엄칠 수 있는 물고기도 존재하지 않습니다. 눈물로 우울을 흘려보내지 않고 회복을 맛보는 사람은 있을 수가 없습니다.

2009년, 이스라엘 텔아비브 대학교 심리학과 '오렌 하손' 교수는 〈눈물에 대한 심리학〉 실험을 발표했습니다.

눈물이 흐르는 순간 시야가 흐려지고, 시각적으로 힘든 대상을 가리면서, 무거웠던 감정이 가벼워지는 효과를 가지고, 또 눈물이 뺨을 타고 내려가는 촉각을 통해 감정이 위에서 아래로 내려가는 '**동일시**'를 경험한다고 합니다.

 슬픔과 우울만 더 잘 보이는 눈의 렌즈를 끼고, 누군가를 바라보는 것만큼 위험한 것은 없습니다. 생각 한 구석에 슬픔이 스민다면, 영화나 책을 통해 눈물을 흘려 주는 것도 좋습니다.

 눈물 예찬은 아니지만, 남의 시선 생각하지 말고 맘껏 울면서 적당한 경계에서 적당한 몸짓의 흐느낌으로 흔들리는 몸짓은 우울을 털어 내는 데 기막힌 선물이 되기도 합니다.

 **눈물은 대화의 한 방법입니다.**

 웃음과 울음이 아기들이 사용할 수 있는 언어의 전부인 것처럼, 어른들도 '눈물'을 통해 대화할 수 있어야 합니다.

웃음의 안경을 쓴 기쁨의 눈물, 슬픔의 모자를 쓴 흐느끼는 눈물, 억울함의 셔츠를 입은 떨림의 눈물, 소리 없이 주르르 흘러내리는 눈물까지 모든 눈물은 대화입니다.

슬플 때, 마음껏 울어도 됩니다. 독약 마시듯 억지로 슬픔을 견디지 말고, 눈물 한 방울과 함께 부서지고 흩어지는 승화를 맛봐야 합니다.

수십 번의 사계절을 지나며

그 겨울이 끝이 아니었음을

봄은 다시 찾아온다는 것을

우리는 모두 알고 있습니다.

새롭게 만날 당신의 계절이

늘 따뜻했으면 좋겠습니다.

## 에필로그

책을 펼칠 때마다 마음의 문이 열려서 긴 잠을 자고 있던 '평안함'이 기지개를 켜고, 잠에서 깨어나길 바랍니다.

이름 모를 단 한 명의 독자의 마음을 위한다면, 이 책을 쓰면서 바쳤던 시간과 노력은 가치가 넘칠 겁니다. 부족한 글이지만 독자의 마음 하늘을 따뜻하게 덮으며, 작은 희망의 불빛 밝힐 수 있으면 좋겠습니다.

독자의 어두운 마음을 아이스크림 녹이듯 녹였으면 좋겠습니다. 살포시 모래와 파도가 입맞춤하며 춤을 추듯, 독자의 마음과 글자가 입맞춤하며 새로운 희망을 노래하면 좋겠습니다.

　마음이 안 괜찮으면서 괜찮다고만 말하지 않고, 이 책에 있는 글들을 읽고 또 읽어서 치유가 머리끝부터 발끝까지 일어나면 좋겠습니다. 불끈불끈 운동선수의 근육처럼 독자의 생각에도 불쑥불쑥 근육이 자라나면 좋겠습니다.

　마지막으로 늘 사랑하는 가족들과 항상 겸손을 상기시켜 주시는 스승이신 정사무엘 총장님께 감사의 마음을 전합니다.

**이재연 · 손소영 드림**